To.

당신의 일상에
작은 마음 하나
건네 봅니다.

아무리 빠르게 흐르는
세상이라 하더라도
당신의 마음 만큼은
고요했으면 합니다.

이 소망이 당신에게 온전히 전달되어
이 책이 당신의 하루에
한 줄기 햇날 같은 존재가 되길 바랍니다.

From.

감성멘토의
생각한 대로, 있는 그대로

와일드북
와일드북은 한국평생교육원의 출판 브랜드입니다.

감성멘토의
생각한 대로, 있는 그대로

초판 1쇄 인쇄 · 2025년 6월 15일
초판 1쇄 발행 · 2025년 6월 20일

지은이 · 이미라
발행인 · 유광선
발행처 · 한국평생교육원
편 집 · 유지선
디자인 · 박형빈

주 소 · (대전) 대전광역시 유성구 도안대로589번길 13 2층
(서울) 서울시 서초구 반포대로 14길 30(센츄리 1차오피스텔 1009호)
전 화 · (대전) 042-533-9333 / (서울) 02-597-2228
팩 스 · (대전) 0505-403-3331 / (서울) 02-597-2229

등록번호 · 제2018-000010호
이메일 · klec2228@gmail.com
 instagram @wildseffect

ISBN 979-11-94710-04-2 (13190)
책값은 책표지 뒤에 있습니다.

감성멘토의

생각한 대로, 있는 그대로

이미라 지음

와일드북
WILDS

조용히 자라고 있는 마음에게

당신은 요즘 어떤 마음으로 하루를 건너고 있나요?

별일 없이도 벅차고, 특별한 이유 없이도 마음이 쓸쓸해질 때가 있지요.

그럴 때면 문득, 내 삶이 어디쯤 와 있는지 돌아보게 됩니다.

'나는 지금 잘 살고 있는 걸까?'

'내 마음은 어떤 계절을 지나고 있을까?'

하면서요.

저도 그랬습니다.

30년 가까이 일터에서 사람들과 부딪치고, 누군가의 기대에 응하려 애쓰며 살아왔습니다.

잘하고 있다는 말을 들으면 기쁘면서도, 가끔은 '이게 정말 나답게 사는 걸까?'

하는 생각이 스며들었습니다.

몸은 어른이 되었지만, 마음은 아직도 예쁜 그림 앞에서 멍하니 서 있기를 좋아하고, 동요를 들으면 괜히 울컥해지는, 어린 시절의 감성을 품고 살아가는 중입니다.

동시를 읽으면 절로 미소가 지어지고, 햇살 좋은 날이면 괜히 나무 그늘 아래 앉고 싶어지는 그런 마음이 여전히 제 안에는 남아 있습니다.

현실은 그런 마음을 품기엔 조금 빠르게, 또 거칠게 흘러갔습니다.
알고 싶지 않았던 일, 겪고 싶지 않았던 순간도 많았습니다.
그 시간을 살아내느라 마음은 자주 흔들렸고, 그 흔들림 속에서 나를 지켜내는 방법을 배워야 했습니다.

그러던 어느 날, 이렇게 생각하게 되었어요.
'인생은 빨리 달리면 보지 못하는 풍경을 즐기는 시간이다.'
그저 지나치지 않고, 내 마음의 계절을 느끼며 살아가는 것.
어쩌면 그게 가장 나답게 사는 방식이 아닐까요?

이 책은 특별한 이야기가 아닙니다.
다만 한 사람의 삶을 천천히 들여다본 기록입니다.
누구나 겪는 하루, 누구나 마주하는 감정 속에서 내가 나를 어떻게 지켜왔는지,
그 이야기를 담고 싶었습니다.

그리고 지금의 저를 있게 해준 제 삶에 조용히 스며들어 있던 나무

같은 사람들과의 추억을 나누고 싶었습니다.

지칠 때 기대게 해주었고, 뜨거운 햇살 아래 그늘을 만들어주었으며, 멀리서도 나를 지켜봐 줌으로써 저를 다시 걷게 해주었으니까요.

혹시 지금 당신도, 그저 살아내고 있는 하루를 견디고 있다면, 저의 소소한 스토리가 당신에게 따스한 쉼이 되기를 바랍니다.

그 쉼을 통해 나 자신과 대화를 한다면 더 좋겠습니다.

삶은 매일 우리에게 말을 걸어옵니다.

그 소리에 조용히 귀 기울일 때, 우리는 비로소 나를 조금 더 이해하게 됩니다.

이 책의 꼭지마다 그 조용한 말들을 꾹꾹 눌러 담았습니다.

당신도 당신만의 계절을 지나고 있다면, 우리 함께 걸어요.

느리지만, 분명히 자라고 있는 그 마음을 믿으며.

∷목 차

3장 인생의 꽃이 된 30년—꿈꾸며 도전하는 단단한 나무

1장 일터에서의 30년-때때로 흔들리는 나무

01_순간의 선택이 선물한 비전

삶은 늘 쉽고 밝기만 한 건 아니다. 때로는 안개 낀 깜깜한 밤에 고속도로를 운전하는 기분이 들 때가 있다. 문제는 고속도로 위를 달리기 시작하면 쉽게 멈출 수 없다는 점이다. 나에게는 직장 생활이 딱 그랬다.

30년 전, 나는 간호대학을 졸업했다. 그리고 당시에는 졸업 후 병원에서 근무하는 게 당연했던 시절이었다. 그렇게 학생 딱지를 갓 떼고 병원에 첫발을 들여놓던 날은 지금도 선명하게 기억에 남는다.

친구와 함께 동시에 하늘을 올려다봤다. 아마도 긴장해서 그랬던 게 아닐까 싶다. 재미있는 사실은 그날 이후로도 나는 매일 하늘을 한 번 바라보고 출근했다. '오늘은 어떤 일로 혼이 날까?' 하는 긴장과 두려움에서 한 행동이었다. 그만큼 선배들은 모든 게 서툰 신입 후배들이 작은 실수도 일어나지 않도록 혹독하게 가르쳤다.

그래도 나는 조금씩 병원 생활에 익숙해졌다. 그러던 어느 날, 누군가 나에게 "회사 간호사로 일하면 참 좋을 거 같아요."라는 말을 건 넸다. 짧은 순간이었지만 회사에서 간호사가 근무한다는 사실이 신선 했다. 그렇게 나는 무언가에 이끌리듯 공석이 된 그 자리에 자연스레 들어가게 되었다. 첫 직장이기에 정이 많이 들었던 데다가, 간신히 신 규 교육 과정을 마친 직후였기에 간호과장을 비롯한 동료에게 죄송한 마음이 들었다. 심지어 "물고기가 물을 떠나서 괜찮겠니?"라고 했던 간호과장의 한마디가 여전히 뇌리에 남아있는 걸 보면 아쉬움이 상당 했던 듯하다. 지금 돌이켜봐도 어떻게 그런 결단을 내릴 수 있었는지 의문이다.

만감이 교차한 상태로 옮긴 직장 주변에는 공장 굴뚝만 보였다. 처 음 출근하던 날, 안전관리자와 함께 현장을 둘러보며 "안녕하세요. 새 로 입사한 보건관리자입니다."

그저 짧은 인사만 건넸을 뿐인데, 모든 것이 낯설고 어색하기만 했다. 그래서였을까.

그 자리에 내가 30년이나 머물게 되리라고는, 그때는 상상조차 하 지 못했다.

내가 처음 맡은 역할은 기업 내 건강관리실에서 직원들의 보건 관 리를 하는 일이었다. 쉽게 설명하자면 학교의 보건교사 업무와 비슷했 다. 하지만 선임은커녕, 인수인계조차도 없었다. 말 그대로 맨땅에 헤 딩해야 하는 수준이었다. 그때 내가 알고 있던 거라곤 딱 하나, 대학생 때 수업 시간에 들었던 이 문장뿐이다.

'보건관리자(산업간호사)는 산업안전보건법에 따라 선임되어 건강 관리실 운영, 건강검진, 작업 환경 측정, 유해 화학물질 관리, 보호구 지급, 건강 증진 활동, 보건교육 등 근로자의 건강과 관련된 다양한 업무를 수행한다.'

지금 돌아보면, 그 긴 문장이 내 머릿속엔 단 하나의 뜻으로만 남아 있었다.

'근로자의 건강을 책임지는 사람'.

그런 내 눈앞에 근로자들의 개인별 건강 이력 카드가 쌓여 있었다. 꽤 긴 시간이 흘렀지만 갓 이직한 때를 회상하면 가수 GOD의 〈길〉 가사 "내가 가는 이 길이 어디로 가는지, 어디로 날 데려가는지, 그곳이 어딘지 알 수 없지만, 오늘도 난 걸어가고 있네."가 귓가에 맴도는 것 같았다. 이토록 막막한 가운데서도 매 순간 마주치는 업무를 해내야 했던 내 모습을 잘 대변한 노래가 또 있을까 싶다.

그런 와중에 나는 금연 프로그램을 기획했다. 2000년대 초반만 하더라도 사무실에서 담배를 피우는 게 문제가 되지 않았던 터라 직원들의 건강을 생각한다면 가장 시급하게 해결해야 할 과제로 다가왔기 때문이다. 이에 밤을 새워가며 자료 수집을 하는 건 물론 평일과 주말을 가리지 않고 필요하다면 언제든지 관련 분야의 전문가를 찾아가 자문하며 프로그램을 완성했다. 그렇게 1년 동안 5기수의 금연 교실을 운영한 결과, 흡연율이 68%에서 48%로 감소하는 놀라운 성과를 거두었다. 그뿐만 아니라 한 직원이 퇴사하면서 "금연이라는 좋은 선물을 가지고 갑니다."라고 말해주어 마치 프러포즈를 받은 것처럼 가슴 벅차고 기쁜 일도 있었다.

반면, 자연스러운 흐름이지만 시간이 지나면서 기존 업무에 더해 새로운 일거리가 늘어나 부담감을 느꼈다. 더욱이 1990년대 후반에 들어서 전자 회사의 화학물질 사용이 사회적으로 큰 이슈가 되면서 물질안전보건자료(MSDS) 관리가 강화되는가 하면, 단순 반복 작업으로 인한 근골격계 질환, 업무 과다로 인한 뇌심혈관계 질환, 과도한 직무 스트레스로 인해 발생하는 문제들을 예방하고 관리해야 할 필요성이 점점 커진 탓에 책임감이 막중해졌다.

하지만 보건관리자로 혼자서 일을 하다 보니 업무를 논의하거나 자문하기가 쉽지 않았다. 게다가 스스로 판단하고 처리해야 했기에 '내가 제대로 하고 있는 걸까?', '혹시 중요한 걸 놓치고 있는 건 아닐까?', '병원처럼 프리셉터(preceptor) 선배가 있으면 좋겠다.'와 같은 고민이 늘어났다. 다행히도 한국산업간호협회(현 직업건강협회)가 마치 친정처럼 든든한 지원을 해주었다. 덕분에 좌충우돌하는 상황을 최소화할 수 있었고, 혼자 업무를 처리하면서 겪는 어려움도 조금이나마 덜 수 있었다.

직업건강협회에서는 몇 년 전부터 이러한 어려움을 줄이기 위해 멘토링 제도를 운영하고 있다. 나 역시 과거에 홀로 감당하느라 힘들었던 경험이 있어서 현재 멘토로서 활동 중인데, 후배들이 털어놓는 "업무적으로 공감받을 사람이 없어요.", "근로자분들이 '혼자서 일하니

심심하지 않아요?'라고 자주 물어요.", "집에 가도 일이 끝난 느낌이
들지 않아요."와 같은 애로사항을 듣다 보면 나의 초보 보건관리자 시
절이 새록새록 떠오른다.

　그때는 모든 게 서툴고 막막했지만, 지금 돌아보면 그 누구도 앞날
을 알 수 없다는 것이다. 또 우리는 살아가면서 수많은 선택을 한다.
'순간의 선택이 10년을 좌우한다.'라는 말처럼, 그 선택이 어떤 미래를
데려올지는 아무도 모른다. 내가 보건관리자가 어떤 일인지 정확히 알
지 못한 채, 덜컥 이직부터 해버렸지만 30년 동안 머물러 있는 것처럼
말이다.

02_나의 근무 유통기한

"때려치우고 싶다."

직장 생활이 힘들거나 권태기가 오면 한 번씩 내뱉는 말이다. 그만두고 싶다고 하면 될 일을 이렇게 격하게 표현하는 이유는 완벽하게 끝내고 싶은 마음을 드러낸 게 아닐까 한다.

한번은 온라인상에서 '직장에 오래 다니는 법'이라는 키워드를 검색해 봤는데, 힘들다, 그만두고 싶다는 결과만 잔뜩 나왔다. 통계청에 따르면, 2021년 기준 근로자의 평균 근속기간은 5년 10개월이었다. 짧다면 짧고, 길다면 긴 이 숫자 안에 얼마나 많은 이직과 새로운 시작들이 숨어 있을까. 게다가 나는 면접 시 "언제까지 다닐 건가요?"라는 질문을 받기도 했다. 첫 출근을 하지도 않은 사람에게 묻는 내용으로는 적절하지 않다고 생각했는데, 입사 후에 그 이유를 알았다. 그만큼 퇴사가 잦아서였음을.

그 이후로도 나는 "언제까지 다닐 거예요?"라는 질문을 종종 받았다. 그때마다 내 대답은 한결같았다.

"언제까지 다니겠다거나, 다닐 수 있겠다는 기한을 정해놓은 적은 없습니다."

그리고 이렇게 답변한 나만의 이유가 있다. 우선 국가에서 정해둔 정년이 60세이긴 해도 기업체가 모여 있는 산업단지에서 보건관리자로 근무를 하다 보니 그 기준이 달라졌다. 경기 호황으로 성장하던 회사가 어느 날 사라지면서 하루아침에 직장을 잃는 선배들을 보기도 했고, 타의에 의해 회사에서 나와야 하는 모습을 보면서 영원한 것이 없음을 깨달았다. 또 건강이 악화되어 장기 치료를 위해 휴직하는 동료들의 모습을 보면서, 정년은 단순히 나이로 정해지는 것이 아니라 건강이 뒷받침될 때 가능한 일임을 절실히 느꼈다. 그래서 언제 퇴직할 것인지를 묻는 이도, 나 자신도 그 답을 정확히 알 수 없다.

그래도 회사 생활을 한 번쯤이라도 해본 사람이라면 설렘을 가득 안고 열정적으로 의욕을 불태운 시절이 있을 테다. 하지만 익숙함에 길드는 탓인지 자신도 모르는 사이 출근길의 기분 좋은 긴장감이 무료함으로 다가오는 순간이 온다. 정말 반기고 싶지 않은 손님이지만 직장 권태기는 나에게도 찾아왔다. 과장을 조금 보태자면 계절이 바뀔 때마다 "옷 사러 가야지."라고 하는 만큼이나 자주 일어났다. 이는 나뿐만 아니라 고개를 살짝만 돌려도 이직 또는 퇴사를 고민하는 사람이 많았다.

이 같은 직장 생활에서 권태기가 오는 이유에 대해 tvN 〈유 퀴즈 온 더 블럭〉에 출연한 한미사이언스의 부사장 로이스 킴은 다음 3가지로 요약했다.

첫째, 번아웃(burnout) 증후군이다. 점점 늘어나는 업무로 인해 자신보다 일이 우선순위가 되고, 자기 돌봄을 소홀해짐에 따라 오는 현상이다. 또 직장인들의 권태기는 보통 1·3·5·7·9년 주기로 찾아오는데, 매 순간 권태기와 싸우며 버텨야 한다. 그렇게 5년, 10년의 세월을 보내다 보면 '나에게 남은 게 뭐지?', '내겐 어떤 경쟁력이 있지?'와 같은 고민에 휩싸여 동기 부여할 힘조차 생기지 않는 것이다.

둘째, 보어 아웃(bore-out)을 겪는다. 경력이 쌓이면서 일 자체가 쉬워져 지속되는 익숙한 업무에 지루함과 회의를 느끼곤 하는데, 이 역시 직장인을 위기에 빠트린다.

셋째, 브라운 아웃(brown-out) 즉, 열정이 없는 상태가 되기도 한다. 어느 정도의 연차가 쌓이면 흥미도, 설렘도 사라지는 증상이다. 여기에 더해 로이스 킴은 이 모두 직장인들이 흔히 겪는 일이자 피할 수 없으니 얼마나 빨리 빠져나오는지가 핵심이라고 덧붙였다.

한편, 세계에서 오랫동안 직장 생활을 해서 기네스북에 오른 사람이 있다. 바로 브라질의 바루테르 오르트만 씨로 무려 84년을 한 회사에서 근무했다고 한다. 12살부터 돈을 벌기 위해 생활 전선에 뛰어들었고, 15살에 정식으로 취업해 한곳에서만 일한 것이다. 처음에는 전기도 제대로 들어오지 않고, 우물로 식수를 해결해야 할 만큼 열악한 근무 환경이었지만, 이직할 생각 대신 묵묵히 더 열심히 일했다고 한다. 그런 그는 100세까지 주 5일 출근해 업무를 처리했다. 이에 건강을 유지하면서 직장 생활을 오래 할 수 있는 비결을 묻자 "인생은 잠깐 스쳐 가는 것이다. 내일을 걱정하지 말고 오늘을 열심히 살아야 한다."라고 말했다. 또 "조바심 내지 않고 느긋하게 웃으며 사는 게 비결이라면 비결이다."라고 덧붙였다.

그런데 최근 후배로부터 정반대의 이야기를 들었다. "전 일을 위해 직장 다니는 게 아니라 살기 위해 다닙니다."가 그것이다. 이 짧은 한마디가 너무 슬프게 와 닿았다. 일과 중 가장 많은 시간을 보내야 하는 곳이 직장인데, 그곳에서의 즐거움이 전혀 느껴지지 않았기 때문이다. 물론 각자의 사정이 있겠지만, 살기 위해 일을 한다면 삶이 너무 고되지 않을까? 이러한 이유로 몇 년 전, '워라밸(work-life balance)'이라는 키워드가 한창 뜨거웠다. 이는 모두가 알다시피 일과 삶의 균형을 유지하며 생활의 만족도를 높인다는 의미다. 하지만 근래에는 일과 삶을 융합한다는 '워라블(work-life blending)'이 더 주목을 받고 있다. 사실 일과 삶은 필연적으로 동반되어서 무게를 재듯 정확한 균형을 맞추기 어렵다. 그런 둘을 구분 짓다 보니 오히려 새로운 문제들이 발생함에 따라 워라블이 새로운 트렌드로 떠오르는 게 아닐까 한다.

그러고 보면 직장 생활은 등산과 참 많이 닮은 듯하다. 산을 오르기 전에는 건강을 챙기고, 맑은 공기를 마시며 멋진 풍경을 만날 수 있다는 기대감으로 셀렌다. 하지만, 막상 땀이 흐르고, 숨이 차오르면, 돌아가고 싶다는 마음이 드니까 말이다. 그래도 때마침 시원한 바람이 불거나 눈앞에 잠시 쉬어갈 쉼터라도 보이면 반갑다. 운이 좋다면 귀여운 다람쥐를 만날 수도 있다. 이런 소소한 순간들이 바로 작은 즐거움과 행복이다. 그리고 이는 어렵지 않게 누릴 수 있다. 조금만 여유를 갖고 주변을 둘러보면 되니까. 마침내 정상에 오르면, 당신의 노력으로 이뤄낸 성취에 가장 큰 만족감을 느낄 테니까.

회사에 언제까지 다녀야 할지에 대한 답은 아직도 정해져 있지 않다. 각자의 사정이 있는 법이고, 직장 생활의 의미와 가치는 저마다 다를 수밖에 없기 때문이다. 중요한 점은 '그 시간을 어떻게 채우는 것인가.'라고 본다. 설령 회사라는 울타리가 더는 의미 없게 느껴지더라도 본인의 근무 유통기한은 어떤 삶을 원하는지에 대한 질문의 답에 따라 결정된다.

나 역시 지금 다니고 있는 회사를 언제까지 다니게 될지 알 수 없지만, 여기서 배우고 성장하며 느끼는 것들이 나의 일부가 되어가고 있음을 확실히 느낀다. 더불어 매일 반복되더라도 나만의 의미를 발견하고, 내가 나아가야 할 길을 그려나가는 과정이라고 믿는다. 아마 언젠가 그만둘 날이 오더라도 직장 생활을 통해 얻은 경험과 기억들은 평생 내 안에 남아 나를 지탱하는 힘이 되어주리라는 확신도 있다. 그러니 무료해진 일상에 '때려치우고 싶다.'라는 생각이 든다면 약간의 여유를 부려 당신만의 의미를 찾아보거나 새로운 기회를 엿보고 무엇이든 도전해 보면 좋겠다.

03_직장은 연애보다 썸

　'썸(Some)'이라는 단어를 떠올리면 괜히 기분이 좋아진다. 이는 어느 노랫말처럼 사랑보다는 멀고 우정보다 가까운 관계를 의미하는 말로 설렘의 감정을 듬뿍 담고 있다. 그런 애매모호함이 주는 두근거림이 썸의 가장 큰 매력이 아닐까 싶다.

　이런 썸을 가장 처음 느꼈던 때를 떠올려보자면 내가 고등학생 1학년이었던 무렵으로 거슬러 올라간다. 당시만 해도 남녀공학이 드물어 교회에 다니거나 시화전과 같은 특별 활동에 참여하지 않으면, 남학생과 여학생이 만날 기회는 거의 없었다. 그런 중에 우리 반 전체가 단체 미팅을 하게 되었다.

　설렘 반, 호기심 반이었던 그 순간이 지금도 눈앞에 선명하다. 아무튼 우리는 각자 이름과 집 전화번호를 메모지에 적어 박스에 넣고, 서로 교환해 제비뽑기를 했다. 그때는 집 전화가 유일한 연락 수단이었기 때문이다. 그렇게 박스가 자기 앞에 올 때마다 친구들은 잔뜩 상기된 얼굴이었다. 얼마 지나지 않아 내 차례가 되었다. 조심스레 손을 뻗어 메모지 하나를 꺼냈다. 거기에는 '혁'이라는 이름이 적혀 있었다. 흔했던 '병태', '영섭', '태수'와는 전혀 다른 느낌이라 특별하게 다가왔다. 또 어떤 사람일지 기대되는 마음에 심장이 요동쳤다. 이후 약속을 잡고 ○○백화점에서 만나기로 했다. 왼손에 장미꽃을 들고 있겠다는 그의 말에 나는 주변을 두리번거리며 그와의 만남을 손꼽아 기다렸다. 그러나 약속한 시간이 되어도 장미꽃을 든 사람은 나타나지 않았다. 심지어 1시간이 지나도 보이지 않았다. 무슨 일이 생겼나 싶어 공중전화로 그의 집에 연락을 해 보아도 '두-두-두-' 신호음만 들릴 뿐이었다. 포기하고 수화기를 내려놓으려던 그때 그의 목소리가 들려왔다.

"미안해요. 버스를 타고 가는 길에 배가 너무 아파 집으로 돌아올 수밖에 없었어요."

이 한마디에 더는 아무런 원망도 못했다. 그저 나는 그를 걱정하고 있었다. 그날 이후 그는 나에게 미안했는지 때때로 우리 집 앞에 장미꽃 한 송이를 말없이 두고 가곤 했다. 말 그대로 어린 날의 풋풋한 썸이었다.

한번은 직장 생활에 지친 후배가 내게 불쑥 "선배님, 저는 직장을 아르바이트라고 생각하고 다녀요."라는 말을 했다. 왜 그런지 물어봤더니 "하루하루 견디는 게 조금 더 쉬워지는 것 같아서요."라는 답이 돌아왔다. 그 마음이 충분히 이해되었다. 언제든 그만둘 수 있다고 여기면 힘든 상황이 조금은 가벼워졌을 테니까. 어쩌면 그녀처럼 직장을 연애처럼 긴밀하게 얽히기보다는 썸처럼 적당한 거리를 두는 편이 더 나을지도 모른다. 상대에 대한 기대와 설렘을 유지한 채 너무 깊이 빠져들지 않는 그런 관계 말이다. 그러면 업무의 긴장감을 덜어낼 수 있어서 긍정적인 성과를 낼 수 있다고 본다. 마음을 내려놓으면 부담감도 덜어낼 수 있으니까.

반면, 나는 종종 직장에서 "적당히 좀 해.", "쉬엄쉬엄해.", "너 없이도 회사는 잘 돌아가."라는 소리를 듣곤 했다. 처음에는 이런 말들에 콧방귀를 뀌었다. 업무 특성상 내가 없으면 큰일 날 것 같았기 때문이다. 그런데 장기 휴가를 다녀오고 나서 깨달았다. 나 없이도, 회사는 아무 일도 없었다. 그렇다. 조금 불편하고 느려질 수는 있어도 조직이 멈추는 일은 일어나지 않는다. 물론, 이런 현실은 때때로 마음을 씁쓸하게 만들기도 한다. 직장에 대한 애정이 깊고, 인정받고 싶은 욕구가 클수록 상실감은 더 크다. 더욱이 퇴근 후에도 업무 걱정에 여전히 회사에 남아있는 듯한 불편한 기분을 한 번이라도 겪어봤다면 충분히 공감할 감정이다.

하지만 우리는 분명히 알아두어야 한다. 인생의 3분의 2를 직장에서 보낸 선배가 퇴직하며 "직장은 우리의 전부가 아니야. 우리는 일하는 사람이지만, 일로만 존재하는 건 아니잖아."라고 말했듯 직장은 우리의 일부일 뿐 전부가 아니다. 그렇다고 직장에서 언제든 떠날 준비를 하라는 건 아니다. 열정을 다하되 다른 일상과 균형을 맞추어 가라는 얘기다. 그래야 삶에서도 직장에서도 의미를 찾을 수 있다. 그리고 이건 썸을 타면서도 나 자신을 잃지 않는 노력과도 같다.

영화배우 제레미 아이언스는 어느 인터뷰에서, 연기를 열정으로 하기보다는 삶을 지속하기 위한 일로 받아들인다고 말했다. 캐릭터의 크기나 비중에는 연연하지 않으며, 오히려 작은 역할일수록 더 일찍 집에 돌아가 자신의 삶에 집중할 수 있어 좋다고 했다. 그의 말 속에는 일에 휘둘리지 않으면서도 묵묵히 일하는 태도가 담겨 있었다. 그는 '일'과 '삶' 두 영역 사이에서, 적당한 거리와 균형을 지켜내는 법을 알고 있는 사람처럼 느껴졌다. 그에게서 일에 대한 부담감은 느껴지지 않는다. 오히려 삶과 일을 모두 놓치지 않은, 두 마리 토끼를 잡은 사람처럼 보였다.

이에 따라 직장이 힘들게 느껴진다면 썸의 대상으로 바라보길 권한다. 참고로 썸은 이런 긍정적인 면이 있다.

첫째는 서로를 존중하면서도 적당한 긴장감을 유지하게 해준다.

둘째는 단점보다는 장점에 집중하게 되어 기대감을 잃지 않게 한다.

셋째는 적절한 거리를 유지함으로써 감정을 쉽게 분리할 수 있다. 이렇게 직장과 거리감을 유지하며 즐기는 거다. 어쩌면 이런 관점의 전환이 더 오래, 건강하게 직장 생활을 이어가게 해주는 힘이 되어주지 않을까.

04_잃은 길을 다시 찾는 법

분명 길을 따라 걷고 있음에도 가끔은 내가 어디로 가고 있는지 헷갈릴 때가 있다. 분명 발아래 놓인 길이 선명함에도 마음은 방향을 잃어버린 듯하다. 삶에서도, 직장에서도 그리고 어느 날 올라갔던 그 산에서도 그런 순간을 마주했다.

한겨울, 친구와 함께 팔공산 갓바위에 올랐다. 오랜만의 만남이 반가워 우리는 그동안 쌓인 이야기를 나누느라 몇 번의 갈림길을 무심히 지나쳤다. 그저 정상을 향해 걷기만 하면 될 줄 알았다. 문제는 하산할 때 생겼다. 익숙하지 않은 산속에서 그만 방향을 잃고 만 것이다. 이정표가 곳곳에 있었지만 우리는 불안에 떨었다. 주변은 고요했고, 띄엄띄엄 들리던 발소리도 점점 멀어졌기 때문이다. 결국 우리가 올라온 길이 아닌, 전혀 뜻하지 않은 길로 접어들었다. 30분이면 내려올 수 있었던 길을, 무려 2시간이나 헤매고 있었다. 함께였기에 버틸 수 있었지만 '방향을 모르는 게 이렇게 막막한 거구나.' 싶었다. 다행히 무사히 산을 내려오긴 했지만 우리가 도착한 곳은 반대편 주차장이었다.

거기서는 택시도 부를 수 없었고, 그렇다고 걸어가기엔 너무 먼 거리였다. 하는 수 없이 무작정 지나가는 차를 향해 손을 흔들어 도움을 청했다.

생각만 해도 아찔했던 경험이다. 너무 쉽게 생각했던 게 문제의 핵심이었다. 바로 하산할 길을 미리 염두에 두지 않았다는 점이다. 목표만 바라보고 달리다 보면 가장 중요한 부분을 놓칠 수 있다는 사실을 새삼 깨달았다. 이렇게 산에서 길을 잃은 경험은 나에게 많은 교훈을 남겼다.

직장에서도 마찬가지다. 우리는 종종 일을 하면서 방향을 잃는다. 그렇다고 해서 의미 없는 시간은 아니다. 나와 친구가 끝내 길을 찾아 내려왔듯이 길을 잃었더라도 다른 길을 볼 수 있는 눈이 있다면, 헤매는 시간은 줄어든다. 설령, 처음 가보는 길이라 할지라도 한 걸음씩 나아가다 보면 어느새 익숙해져 전혀 생각지도 못한 기적을 만날지도 모를 일이다.

언젠가 한 근로자가 청력 문제로 직무를 전환해야 할 상황이 되었다. 청력이 나쁘면 소음이 심한 환경에서 근무하기 어려운 건 당연한 일이다. 산업안전보건법에 따라서도 청력 상태가 더 악화되는 걸 막기 위해 조치를 취하는 게 맞다. 하지만 그는 평생 일해 온 자리를 떠나는 데에 대한 심리적 부담감을 크게 느꼈다. 아마도 익숙한 길을 걷다가 갑자기 방향을 잃은 듯한 기분이었을 테다. 그래도 시간이 지나면서 그는 점차 바뀐 환경에 적응해 나갔다. 낯설고 어려워했던 업무에도 익숙해졌고, 새로운 동료들과도 자연스럽게 어울렸다. 무엇보다 소음에서 자유로워진 환경에 만족해했다. 모르긴 몰라도 이전의 직무를 계속 이어나갔다면, 그는 자신도 모르는 사이에 청력을 더 잃어갔을 것이다. 더 심각하게는 어느 순간 돌이킬 수 없는 상태가 되었을지도 모른다. 이로써 그의 모든 과정을 지켜본 나에게는 길을 잃었다고 생각한 순간이 실제로는 더 나은 길을 찾기 위한 과정이 될 수도 있음을 보여준 의미 있는 사례로 남았다.

누구나 인생에서 한 번쯤 길을 잃는다. 오랫동안 걸어온 길에서 벗어나야 할 때도 있고, 예상치 못한 변화를 맞이해야 할 때도 있다. 그 순간에는 막막하고 억울할 수도 있다. 그런데 길을 잃었다고 해서 멈출 필요는 없다. 포기만 하지 않는다면 나아갈 방향을 찾을 수 있으니까. 그런 와중에도 잊지 말아야 할 부분은 헤매는 과정도 결국은 나를 찾아가는 길이라는 점이다.

감사하게도 나는 창문을 열면 공원이 펼쳐지는 곳에서 사춘기 시절을 보냈다. 앞마당에 놓인 비석에는 나를 위한 좌우명 같은 글이 있었다. 그 글은 지금까지도 나에게 오아시스 같은 존재다. 바로 러시아 소설가이자 시인인 알렉산드르 푸시킨의 〈삶이 그대를 속일지라도〉다.

삶이 그대를 속일지라도
슬퍼하거나 노여워하지 말라
슬픈 날을 참고 견디면
기쁨의 날이 오리니

마음은 현재에 살고
미래는 늘 그리운 것
모든 것은 순간이고
지나간 것은 다 그리움이 되리니

누군가에게는 한편의 시일지는 몰라도 개인적으로 우리의 인생사를 모두 담아놓은 철학적인 작품이라 생각한다. 특히 시에서 이야기하는 모든 상황을 직접 겪었기에 자신 있게 말한다. 아이들이 어릴 때였다. 직장과 육아를 병행하는 건 예상보다 훨씬 더 고된 일이었다. 온종일 업무를 수행하고 집으로 돌아오면 제2의 하루가 시작되었다. 아이들은 엄마를 필요로 했고, 나는 그 기대에 부응해야 한다는 책임감에 의해 늘 긴장하며 살았다. 아이들이 잠이 들기 전까지는 일말의 여유도 없었다. 체력은 점점 바닥났고, 나를 돌볼 여유는 사치와도 같았다. 그저 이 시간이 빨리 지나가기만을 바랐다. 아이들이 자라면 지금보다 나아질 거라고 믿으며.

그렇게 시간이 흘러 아이들이 스스로 할 수 있는 일이 늘어나면서 내 하루에도 작은 여유가 생기기 시작했다. 그제야 깨달았다. 힘들었던 이유가 아이들이 어려서만은 아니었음을. 다시 말해, 그동안의 나는 시간을 버티는 데에만 집중했을 뿐 나를 위한 삶을 고민하지 않았음을 뒤늦게 알아차렸다. 현실적인 어려움이 줄어들었음에도 여전히 '나'라는 사람은 뒷전이었으니까. 지난 시간에도 현재도 나는 힘들면 그 순간이 빠르게 스쳐 가기를 바라는 사람이었던 것이다. 시간이 해결해 주는 문제는 일부일 뿐이라는 걸 알면서도 모른 척한 나를 돌아보았다. 또 진짜 문제를 해결하려면 내가 내 삶을 어떻게 대하는가에 달려있음을 마음에 새겼다.

그때부터 조금씩 내 일상을 조정하기 시작했다. 완벽한 엄마, 완벽한 직장인이 되려는 부담을 내려놓고, 나를 위한 시간을 만들어 갔다. 조금 늦더라도 아이들과 함께하는 순간을 더 즐기고, 직장에서는 '해야 할 일'과 '할 수 있는 일'을 구분하면서 스스로를 다독였다. 시간을 쫓아가며 버티기만 하던 때와는 다르게 시간을 내 편으로 만들어가는 훈련을 한 것이다. 이 결심은 내 삶의 질을 바꾸어 주었다. 그래서 앞으로도 나는 시간을 버티는 사람이 아니라 하루하루를 소소하게 살아내는 사람이 되려 한다.

05_바람에 흔들려도 쓰러지지 않는 이유

"시간이 해결해 줄 거야."

힘들 때마다 누군가가 나에게 해주었던 말이자 내가 나에게 자주 건네는 말이다. 특히 견디기 괴로운 상황마다 주문처럼 읊조리는 한마디다. 하지만 아무리 시간이 흘러도, 아무리 지우려 애써도 머릿속에서 사라지지 않는 한 장면이 있다.

꽤 오래전의 일이다. 직원 한 명이 문을 열고 들어오더니 어지럽다며 쓰러졌다. 갑작스러운 상황에 놀랐지만 황급히 호흡과 몸 상태를 살폈다. 응급 상황임을 감지하고 곧장 119에 연락했다. 도착한 구급차에 함께 오르며 고통스러워하는 직원의 얼굴을 마주했다. 찰나의 순간에 수많은 시나리오가 머릿속을 스쳐 지나갔다. 그리고 나중에야 알았다. 암세포 덩어리가 뇌혈관을 누르고 있었다는 사실을. 그때부터다. 누군가 다급한 목소리로 뛰어오거나 건강관리실 문이 벌컥 열리면, 나도 모르게 가슴이 철렁 내려앉는다. 심장이 덩달아 빨리 뛴다. 그렇게 또 하나의 업무 트라우마가 생겼다.

　　일반적으로 두통이 있으면 진통제를 찾는다. 약국이나 편의점에서도 어렵지 않게 구할 수 있기 때문이다. 하지만 사업장에서의 상황은 조금 다르다. 보건관리자가 의료인 자격을 갖추었다고 하더라도, 약을 지급하는 데는 각별한 주의가 필요하다. 단순한 두통처럼 보여도 결코 가볍게 볼 수 없기 때문이다. 실제로 두통 증상으로 건강관리실을 방문한 근로자가 정밀검사를 통해 뇌종양이나 뇌출혈, 뇌졸중과 같은 중대한 질환을 진단받는 경우도 적지 않다. 평소와 다른 두통인지, 원인이 명확한지 세심히 살펴야 하는 이유다. 우리가 일상에서 쉽게 복용하는 진통제를 사업장의 보건관리자가 되면 한 번 더 조심스럽게 접근할 수밖에 없다.

　　사업장의 보건관리자가 세심하게 관리해야 할 부분이 또 있다. 건강검진 이후 사후 관리다. 상담과 교육을 통해 건강을 챙길 수 있도록 돕는 일이다. 특히 고혈압, 고지혈증, 당뇨 같은 질환은 증상이 뚜렷하지 않다 보니 개인 관리가 소홀해지기 쉬워서 더 알뜰살뜰 보살펴야 한다. 게다가 "고혈압, 당뇨약은 평생 먹어야 하죠?", "한번 먹기 시작하면 계속 먹어야 한다는데, 그게 제일 두렵네요."라며 약 복용을 망설이다가 상태가 더 악화되는 사례를 접하니 긴장의 끈을 놓칠 수 없다. 현실적으로도 만 30세 이상 성인의 고혈압 유병률이 27.3%(질병관리청, 2021년)에서 점차 늘어나는 추세라 보건관리자의 역할이 점점 더 중요해지고 있다.

아이러니하게도 많은 사람이 고혈압과 당뇨를 감기보다 더 소홀하게 여긴다.

"감기약! 먹으면 일주일, 안 먹으면 7일 만에 낫는다."

이는 미국 의사 모튼 캐츠(Morten Katch) 박사가 남긴 말이다. 감기는 약을 먹든 먹지 않든 회복 기간이 크게 다르지 않다는 사실을 유머러스하게 표현한 것이다. 그런데도 사람들은 감기의 불편함은 즉각적으로 느껴서 병원을 찾는다. 반면, 고혈압과 당뇨는 당장의 불편함이 없어서 수치상으로 나쁘게 드러나도 병원 방문을 미룬다.

그러나 나는 고혈압과 당뇨가 가져오는 합병증의 위험을 알고 있기에 더욱 적극적으로 개입하고 싶었다. 이에 상담에 그치지 않고 "○○○ 님, 혈압 꼭 측정하러 와 주세요.", "이번 주까지 병원 꼭 다녀오세요."와 같은 메시지를 전송했다. 그러던 어느 날, 이런 답장을 받았다.

"관리자님, 제가 직장에 출근해서 일하는 것보다 혈압 측정하라는 문자가 더 스트레스가 됩니다. 앞으로 건강은 제가 알아서 잘 관리하겠습니다."

순간 멈칫했다.

'아, 여기서 멈춰야 할까?'

직원들의 건강을 위해 한 일이 누군가에게 부담이 될 수도 있다는 생각을 하지 못했던 내 모습을 돌이켜보는 시간을 가졌다. 딜레마의 순간이었다. 그래도 내 판단이 옳다고 믿고, 포기하지 않았다. 건강관리를 멈춘 직원들의 상태가 악화되는 게 눈에 보였기 때문이다. 그들이 건강을 잃지 않도록 돕는 게 나의 중요한 업무이지 않은가.

물론, 여전히 위기 상황에서 느끼는 불안과 초조함은 나를 불편하게 한다. 그러나 그럴수록 보건관리자로서의 사명은 더욱 확고해진다. 지금 이 순간에도 다시 한번 다짐한다. 직원들이 건강할 수만 있다면 나는 흔들려도 괜찮다고 말이다. 나는 진심으로 그들이 온전히 건강할 수 있기를 바란다. 이 마음으로 평소 좋아하는 시 한 구절을 가슴에 새긴다.

흔들리지 않고 피는 꽃이 어디 있으랴
이 세상 그 어떤 아름다운 꽃들도
다 흔들리며 피었나니
흔들리면서 줄기를 곧게 세웠나니
흔들리지 않고 가는 사랑이 어디 있으랴

−도종환, 〈흔들리며 피는 꽃〉

한편, 어느 순간 나를 불편하게 하는 요소를 알아차렸다. 그건 다름 아닌 사람들로부터 인정받고자 하는 욕구였다. 인정 욕구가 인간의 본성이긴 해도 그게 삶의 중심이 되는 순간 문제가 생긴다. 만일 타인의 인정이 부족할 때 생각지도 못한 상황과 마주하기라도 하면 한없이 흔들리게 된다. 그렇다고 타인의 인정을 무시하라는 게 아니다. 심리학자들도 긍정의 효과가 있다고 평가한다. 단, 심리적 마약과도 같아서 지나치게 의존하면 불안과 우울을 초래할 수도 있으니 적당한 거리를 유지하는 게 정신 건강에 좋다는 뜻이다.

이를 근거로 직원들의 부정적인 피드백에 잠시 흔들리더라도 포기하지 않는다. 내가 하는 일이 누군가의 건강과 생명에 직결된다는 걸 알아서다. 내가 지키고자 하는 게 단순한 건강이 아니라 직원들의 삶의 질과 행복지수를 향상시킨다고 믿어서다. 이런 마음가짐은 나에게 힘을 준다. 어려운 상황에서도 포기하지 않게 한다.

바람이 불면 흔들리는 건 당연하다. 때로는 쓰러지기도 할 테다. 하지만 쓰러진 채로 남아있지는 않을 것이다. 살아간다는 것 자체가 바람과 줄다리기를 하듯 흔들림의 연속이니까. 그 속에서도 소임을 다하는 직장인이 되고 싶다.

06_타인의 기준에 발목 잡히지 않기

직장 생활을 하다 보면 이런 고민을 할 때가 있다. 내 기준에 따를 것인지, 제3자의 기대에 맞출 것인지. 이와 관련한 이야기를 라디오에서 들은 적이 있다. 퇴근길 우연히 튼 방송에서 흘러나온 사연은 이랬다.

사연자의 동료: ○○ 씨, 오늘 우리 집 집들이에 올 수 있지?

사연자: 집들이오? 저는 참석을 못 할 듯해요.

사연자의 동료: 아니, 우리 사이에 집들이 정도는 참석해 줘야지.

사연자: 우리가 사이가 있었나요? 우리는 늘 거리를 두고 있지 않나요?

사연자의 동료: …….

동료로부터 집들이 초대를 받은 사연자. 평소 거리감을 느끼고 있었기에 참석하지 않겠다고 하자 상대는 둘 사이의 관계를 운운하며 참석하기를 강요한 것이었다. 비슷한 경험이 있었던 나는 순식간에 사연에 몰입했다.

　실제로도 우리는 집들이뿐만 아니라 결혼식, 돌잔치 때로는 이유 없는 술자리에도 초대를 받는다. 물론, 마음은 고맙지만 반드시 가지 않아도 될 자리들이 있다. 그런데도 우리는 거절하기를 망설인다. 초대한 사람의 기대를 저버리고 싶지 않아서다.

　나 또한 그랬다. 예전에 다니던 직장에서 친하지 않은 동료가 결혼을 했다. 그는 당연한 듯 내게 물었다.

　"오실 거죠? 자리 예약해 둘게요."

　갑작스러운 상황에 당황한 나는 얼떨결에 "아, 네……."라고 답해 버렸다. 그리고 곧 '왜 거절을 못 했을까?' 하고 후회했다. 분명 참석이 어렵다고 말할 수도 있었다. 하지만 상대가 서운해할까 봐, 나만 빠지는 걸까 봐 고민하다가 결국 내 기준이 아닌 상대의 기대에 맞추고 말았다. 그러나 인간관계에서 중요한 건 참석 여부가 아니라 진심이라는 걸 이제는 안다.

　사실, 남들은 신경 쓰지 않는다. 괜히 나만 고민할 뿐이다. 사무실 퇴근 풍경에서도 그렇다. 대다수의 직장인은 퇴근 시간이 되어도 선뜻 자리에서 일어나지 못한다. '오늘은 눈치 안 보고 칼퇴해야지!'라고 마음먹었지만, 막상 자리를 박차고 문밖을 나서기가 쉽지 않다. 지체하면 지체할수록 내 시간이 줄어드는데도 사무실에 남아 있는 동료들의 표정이 더 신경 쓰여서다. 그 누구도 "퇴근하지 마세요."라고 강요하지 않았는데도 말이다. 왜 이토록 우리는 남의 시선을 따라가며 고민하는 걸까?

여기까지 이야기하고 보니 스티브 잡스의 말이 떠오른다.

"당신의 시간은 제한적이므로 다른 사람의 삶을 살아가는 데 시간을 낭비하지 마세요. 도그마에 갇혀 살지 마세요. 다른 사람들의 생각의 결과에 따라 살지 마세요."

그는 세상의 시선이 아닌, 자신만의 기준을 철저히 지켰던 사람이다. 애플을 창립했을 때가 그랬다. 1976년 당시 컴퓨터는 정부나 기업에서나 사용하는 물건이었다. 당시의 상식으로는, '개인이 컴퓨터를 사용할 일은 없다.'가 정설이었다. 그런 상황에서 스티브 잡스는 오히려 "누구나 쉽게 사용할 수 있는 개인용 컴퓨터를 만들겠다."라고 선언했다. 그는 '모두가 맞는다고 여기는 방식'이 아닌, '자신이 옳다고 믿는 방식'을 따른 것이다.

아이폰을 세상에 내놓았을 때도 그랬다. 당시 모든 휴대전화에는 버튼이 있었다. 그는 이 상식을 뒤엎고 버튼 없는 터치스크린을 선보였다. 주변의 많은 이들이 불가능하다고 했지만, 잡스는 끝까지 자신의 신념대로 행동했다. 그 결과는 어떤가? 전 세계 수많은 사람이 지금 아이폰을 사용하고 있다. 스티브 잡스야말로 많은 사람이 고민하는 질문, '다른 사람의 기준에 맞춰 살아야 할까? 아니면 내 기준을 지켜야 할까?'라는 갈림길에서 망설이지 않고 자신의 길을 걸어간 사람이다.

당연히 다른 사람의 시선을 배제하는 일은 쉽지 않다. 그래도 내 인생이니 나를 먼저 생각하며 살아가도 괜찮지 않을까? 가령, 부담스러운 회식 자리에는 가지 않는다든지, 퇴근 시간에 눈치 보지 말고 가볍게 인사하고 나가는 것이다. 직장 내 관계에서도 낯섦을 애써 극복하려는 것보다 자연스럽게 흘러가도록 두는 게 더 좋을 수도 있다.

나도 이제야 조금씩 나만의 기준을 찾아가고 있다. 누군가가 나에게 "왜 집들이에 안 왔느냐?", "왜 회식에 빠졌느냐?"라고 묻는다면 이렇게 답할 것이다.

"제 기준에서는 그게 최선이었습니다."

또 퇴근할 때도 더 이상 머뭇거리지 않는다. 남들이 정한 기준을 따르는 순간, 내 삶을 잃어버린다는 걸 절실히 깨달아서다. 그래서 권한다. 당신도 용기를 내어 당신의 기준대로 당신다운 삶을 살아보길.

07_동굴 같은 직장에서 벗어나기

출근길, 직장인들은 가끔 이런 생각을 한다.

'회사 건물이 아니라 깊은 동굴 속으로 걸어 들어가는 기분이네.'

무기력한 하루가 반복될수록 더욱 그러하다. 퇴근 후에도 사무실에서 있었던 일이 파노라마처럼 스친다. 거기서 끝나면 다행이지만 '오늘도 왠지 모르게 찜찜한 하루였어.', '내일 중요한 회의가 있는데 제대로 준비했나?', '아, 그냥 좀 쉬고 싶다.'와 같은 생각이 꼬리에 꼬리를 물면 잠도 쉬이 오지 않는다. 마치 출근과 퇴근 사이 어딘가에 멈춘 듯하다. 업무보다 더 힘들게 만드는 건 이런 감정 노동을 하면서 나 자신을 잃어가는 느낌을 받을 때다.

나도 한동안 출근길이 유난히 무거웠던 적이 있다. 업무는 손에 익었지만 기대보다는 의무감이 커졌다. 아침마다 출근해야 한다는 사실이 부담스러웠고, 일요일 저녁이 되면 초조했다. 다른 데 집중하고 있어도 불편함이 가시질 않았다. 가끔은 '이렇게 계속 버티는 게 맞을까?' 하는 회의감도 들었다. 직장은 그야말로 나를 옭아매는 어두운 동굴이 되어 있었다.

그러던 어느 날 깨달았다. 직장이 동굴처럼 여겨지는 건 단순히 환경 때문만이 아니라는 사실을 말이다. 어떤 공간이든 내 마음이 어두워지면 답답하고, 무거워지는 법이었다. 그래서 나만의 작은 변화를 시도했다. 출근할 때는 '이번 한 주를 어떻게 버티지?'라는 생각 대신 '오늘 하루만 해보자.'라고 나를 다독였고, 퇴근 후에는 의식적으로 일과 거리를 두었다. 그렇다고 무조건 집에서 쉬는 게 아니라 좋아하는 책을 읽거나 카페에 들러 커피 한잔을 마시며 내 시간을 챙겼다. 그러자 신기하게도 직장이 조금 덜 부담스러워졌다.

그 순간, 몇 해 전 방문했던 단양의 고수동굴이 떠올랐다. 처음 동굴에 들어섰을 때는 한 치 앞도 보이지 않을 정도로 어두웠다. 하지만 차츰 어둠에 익숙해지자 반짝이는 물방울과 기암괴석들이 눈에 띄었다.

직장도 마찬가지였다. 처음엔 두려웠던 업무도 익숙해지면 하나둘 길이 보이기 시작했고, 어렵게만 느껴졌던 동료들과의 관계도 시간을 두고 천천히 다가가니 편안해졌다. 내가 무거운 마음으로 바라볼 때는 벗어나고 싶은 동굴이었지만, 내가 의미를 찾고자 하니 새로운 길을 열어가는 터널로 보였다.

이와 관련해 최근 주목받고 있는 신조어 '원영적 사고'와 '럭키 비키(Lucky Vicky)'가 있다. 전자는 걸그룹 아이브의 장원영이 삶을 대하는 태도로부터 비롯한 원영적 사고'는 어떤 상황에서도 긍정적인 면을 찾아보는 자세를 의미한다. 또 후자는 '원래 계획했던 대로 되진 않았지만 오히려 잘된 일'을 뜻한다. 회식이 부담스러웠는데, 우연히 취소되었다면 '오히려 좋아! 편하게 쉴 수 있잖아!'라고 생각하는 상황을 예로 들 수 있다. 직장에서 예상치 못한 상황이 생겼을 때도 '이 기회에 새로운 걸 배울 수도 있겠네.'라고 시선을 바꿔볼 수 있다.

당연히 긍정적인 마음가짐이 모든 문제를 해결해주는 건 아니다. 하지만 내 안에 '감정 스위치'를 만들어보는 건 도움이 된다. 그래서 나도 아침마다 스스로 묻는다.

'오늘 하루, 어디까지 최선을 다할까?'

그리고 퇴근할 때는 이렇게 다짐한다.

'오늘 할 수 있는 만큼 했으니 이제 내려놓자.'

한때는 모든 일에 대한 책임감을 전부 책임져야 하는 줄 알았지만, 책임감도 하루씩 나누어 써야 한다는 걸 배운 뒤 설정한 한마디들이다.

마음을 온전히 쏟을 때와 적당히 거리를 두어야 할 때를 알고, 그 균형을 맞춰가는 것이 직장 생활에서 가장 중요한 지혜가 아닐까 싶다. 당신도 혹시 직장이 동굴처럼 느껴지는가? 그렇다 하더라도 너무 걱정하지 않아도 된다. 그 안에도 분명 작은 빛이 존재할 테니까. 그 빛을 찾아 조금씩 나아가다 보면, 어느 순간 동굴이 아닌 새로운 길 위에 서 있을 것이다. 당장은 힘들더라도 거리 조절 연습을 하면서 긍정적인 마음가짐과 열린 자세로 임한다면, 미처 보지 못했던 가능성과 기회를 발견할 수 있다. 직장이라는 공간도 때로는 동굴처럼 느껴지지만, 그 안에서 길을 찾는 건 결국 본인의 선택이다. 당신도 그 빛을 찾길 바라며, 내가 직장이라는 동굴에서 빛을 찾는 과정에 도움이 되었던 3가지 습관을 공유해 본다.

- 매일 아침, 오늘 하루 목표 정하기
- 퇴근할 때는 책임감 내려놓고 빈손으로 돌아오기
- 잠들기 전 하루 동안 감사했던 일 3가지 떠올려 보기

적어도 나는 이 훈련 덕분에 직장 생활이 훨씬 가벼워졌다. 그리고 오늘도 내 안의 감정 스위치를 켜고, 발견할 수 있는 작은 빛을 찾아본다. 당신의 직장 생활도 그러하길 바라본다.

08_일이 아니라 마음이 무거운 것

퇴근길, 놀이터 앞을 지나쳤다. 미끄럼틀을 타고 내려오며 깔깔 웃거나 하늘을 향해 몸을 맡기며 그네를 타는 아이들이 보였다. 그 순간, '저 아이들은 스트레스라는 걸 알까?' 하는 궁금증이 생겼다. 나는 망설이지 않고 아이들에게 다가가 조심스럽게 물었다.

"꼬마야, 혹시 스트레스가 뭔지 아니?"

그러자 "음…… 어떤 일을 할 때 힘들고 마음이 아픈 거요?"라는 답이 돌아왔다. 나는 "마음이 아픈 거라니?"라고 되물었다. 그랬더니 아이는 곧장 "그러니까, 공부하기 싫은데 해야 할 때요."라고 대답했다.

수십 년을 직장인으로 살면서도 명확하게 정의 내리지 못했는데, 작은 아이가 너무나 쉽게 설명해 주었다. 머릿속이 복잡해진 나는 한 번 더 질문했다.

"그럼, 너도 스트레스가 있니?"

내 물음에 그 아이는 예상 밖의 이야기를 들려주었다.

"아뇨, 저는 스트레스가 없어요. 그런데 학습지 하는 건 싫어요. 그래서 엄마한테 말해요. '엄마! 지금 친구들이랑 놀고, 바로 학습지 할게요!'"

싫은 일 앞에서 주저하기보다 자기만의 방식으로 해결책을 찾는 아이였다. 동시에 그 말은 나를 돌아보게 했다. 일이 버겁고 힘들 때마다 그저 '왜 이렇게 힘들지?'라며 스스로를 더 짓누르기만 한 나였으니까. 그제야 무거운 건 일이 아니라 내 마음이었음을 깨달았다.

가끔 일이 버겁게 느껴질 때가 있다. 나뿐만 아니라 대부분의 사람이 그럴 테다. 하지만 정말 일 자체가 무거운 걸까? 아니면 그 일을 억지로 해야 한다는 부담감이 나를 무겁게 하는 걸까? 같은 일이라 하더라도 억지로 할 때와 의미를 찾아서 할 때의 차이는 크다. 다시 말해, 스트레스는 일이 아니라 그 일을 대하는 나의 태도에서 비롯된다.

출근길이 지옥처럼 느껴지던 날, 이렇게 생각해 본 적이 있다.
'이 길이 내 꿈을 이루는 과정이라면 나는 오늘 한 걸음 더 나아가는 거야.'
단순한 출근길이 아니라 나를 성장시키는 과정이라고 생각했더니 그날따라 유난히 마음이 편안해졌다. 이렇게 삶의 태도는 우리가 선택할 수 있는 유일한 것이다. 이로써 받아들이는 자세에 따라 그 대상이 짐이 될 수도 있고, 기회가 될 수도 있다.

그러고 보니 직장 초년생 시절, 프레젠테이션이 이제 막 활성화되던 때가 떠오른다. 보고 자료를 만들 때마다 담당 과장에게 몇 번씩 반려를 당했다.

"세모 말고 네모로 해보자.", "이 문장은 왼쪽보다 오른쪽이 낫겠어."

그의 요청에 수정하고 또 수정했다. 전자결재가 아니라 종이에 출력해 결재를 올리던 시절이라 더 힘들었다. 10번 넘게 반복되면 '차라리 과장님이 직접 하시지!' 싶은 마음이 절로 들었다. 그러나 확실한 건 당시에는 괴로웠지만, 돌이켜보면 그 시간이 나를 성장시켰다는 사실이다. 덕분에 보고 자료를 빠르고 효과적으로 만드는 능력이 생겼고, 발표에 대한 부담도 줄어들었으니 말이다.

당연히 담당 과장도 나를 괴롭히려 했던 게 아니다. 내게 기회를 주고 있었는데, 나는 그걸 '고통'이라고 착각했다. 아마도 '고생은 피해야 한다.'라는 고정관념 때문이었을 것이다. 단순히 '힘든 것 = 나쁜 것'이라고 생각했다. 그로부터 얼마간의 시간이 흐르고서야 알았다. 힘든 순간이야말로 내 인생을 더 단단하게 만들어주는 과정일 수도 있음을.

반면, 어느 때보다 즐겁게 프로젝트를 진행했던 적이 있다. 절주 문화가 거의 없던 시절, 몇몇 직원과 자발적으로 '건강구름팀'을 만들어 캠페인을 벌였다. 처음엔 다들 의아해했지만, 우리는 작은 변화라도 만들어보자고 결심했다. 슬로건을 만들고, 포스터를 직접 그려 붙이고, 바구니를 머리에 이고 물풍선을 던지는 이벤트까지 준비했다.

회식 자리에서 흐트러진 모습을 영상으로 만들어 재미있게 공유하기도 했다. 처음에는 "이런 걸 누가 해?"라는 반응이었지만, 시간이 지나면서 분위기가 달라졌다. 자발적으로 참여하는 사람이 늘었고, "재밌다!"라는 말이 나왔다. 심지어 해당 캠페인은 4년 동안 지속되었고, 마침내 사내 문화로 자리 잡았다.

나는 그 과정을 통해 일 자체를 즐길 수 있다면, 그 일은 더 이상 고통이 아니라는 확신이 들었다. 또 그 방법은 태도의 전환임을 배웠다. 같은 일상이라도 '억지로 하는 하루'와 '즐기면서 하는 하루'의 질은 완전히 다르고, "어차피 해야 하는 일이라면 재미있게 할 방법을 찾아보자."라고 말하는 사람과 "또 해야 해? 아, 정말 귀찮네."라고 말하는 사람은 큰 격차를 나타내니까.

문득 함께했던 직원들 얼굴이 떠오른다. 퇴근 시간을 마다하지 않고 캠페인에 동참해 따뜻한 마음을 나눠준 이들이었다. 피곤하고 힘든 날도 있었을 텐데 함께해서 즐거웠고, 보람을 느낀다고 말해주었다. 짧은 한마디였지만 얼마나 고맙고, 뭉클했는지 모른다. 더불어 그 순간이 쌓여 지금의 내가 되었다고 생각하니 가슴이 벅차오른다. 진심으로 눈물 나도록 따뜻했던 기억이다. 늦었지만 지면을 빌려 "직원들의 건강을 위해 애써주신 그 마음, 평생 기억하고 있습니다. 정말 감사했습니다."라고 전해본다.

우리는 보통 결과에서 행복을 찾으려 한다. 하지만 진짜 가치는 그 과정을 통해 배운 요소들 속에 있다. 그래서 나는 오늘도 되뇐다.

"일을 바꿀 수 없다면 일을 대하는 내 태도를 바꾸면 된다. 힘든 일을 피할 수 없다면, 즐겁게 할 방법을 찾으면 된다."

그리고 묻는다.

"이 일이 정말 무거운 걸까? 아니면 내 마음이 무거운 걸까?"

다시 강조한다. 마음의 무게를 내려놓으면, 일의 무게도 줄어든다. 결국, 직장 생활의 진리는 단순하다. 무거운 건 일이 아니라 마음이다. 그렇다면, 이제 선택은 내 몫이다. 오늘, 나는 어떤 마음으로 하루를 살아갈 것인가?

09_직장에서 제일 어려운 일, '사람'

꿈의 직장은 어떤 곳일까? 몇 해 전, 여기에 대한 답으로 정년퇴직한 선배가 농담처럼 말했다.

"퐁당퐁당으로 출근하면 행복하지 않을까? 오늘 힘들어도 내일 쉴 수 있다고 생각하면 다닐 만하지 않겠어?"

현실에서는 불가능하다는 걸 알면서도 우리는 신나게 맞장구쳤다.

직장이란, 본질적으로 여러 사람이 모여 이윤을 창출하는 곳이다. 그렇기에 '꿈의 직장'이라는 개념 자체가 모순일지도 모른다. 업무의 경계는 명확하고, 관계에서 오는 피로감은 피할 수 없다. 그래서일까? '직장'이라는 단어만 들어도 한숨부터 나오는 날이 많다.

어느 회식 자리에서 건배 제의로 이런 말을 들었다.

"우리가 남이냐?"

하루 중 가족보다 더 많은 시간을 보내기도 하고, 은퇴하기 전까지 머물러야 하는 곳이니 동료들이 가족 같은 존재로 느껴질 수도 있다. 하지만 직장은 본인이 선택하지 않은 사람들과 하루 8시간 이상을 함께해야 하는 공간이다. 따라서 성격도, 가치관도, 업무 스타일도 다른 사람들과 부딪히다 보면 관계에서 오는 피로감은 누구에게나 찾아온다. 그래서 출근길에 오늘 하루도 무사히 지나가길 기도하는 사람도 많다.

한편, 최근 한 설문 조사에 따르면 퇴사하는 직장인 2명 중 1명은 '진짜 퇴사 이유'를 숨긴다고 한다. 왜냐하면 그 이유가 대부분 직장 내 갈등이기 때문이다. 더욱이 업무는 익히면 되지만, 인간관계는 명확한 답이 없어서 어느 순간 나도 모르게 무너지게 된다. 그러니 결국 퇴사를 선택하는 것이다.

부산에서 근무하는 L 후배의 경우도 그랬다. 직장 내 갈등으로 업무에서 배제되는 경험을 했는데, 처음에는 그저 오해이겠거니 했다고 한다. 그러나 점점 중요한 회의에서 빠지고, 배정받던 업무가 다른 사람에게 넘어가는 상황이 반복되면서 조직에서 밀려나고 있음을 깨달았다. 일이 힘든 것보다 배제되었다는 사실에 괴로웠다고 했다. 눈에 보이지 않는 벽이 존재하는 듯한 느낌, 아무리 노력해도 중심에서 밀려나는 듯한 감정은 점점 작아지게 만들었고, 동료들까지 모른 척하는 모습에 더 큰 상처를 입고 말았다. 마치 존재 자체를 부정당하는 기분이었다고 말했다.

물론, 어떤 공간이든 인간관계는 필연적으로 갈등을 동반한다.

그런데 직장에서의 갈등은 일차원적인 감정 문제가 아니라 생존과
도 직결된다. 생계를 위해 버텨야 하는 곳이기에 감정적으로 더 큰
영향을 미친다. 그 영향으로 지난 2019년부터 직장 내 괴롭힘 금지
법이 시행되었다. 그 이후 관련 제보가 꾸준히 증가하고는 있으나
정작 제대로 해결되지는 않는다고 한다. 오히려 가해자의 "장난이었
다.", "그런 의도가 아니었다."라는 말을 듣고 나면, 피해자는 '내가
너무 예민한 걸까?', '내가 너무 유약한 걸까?'와 같은 생각에 더 큰
혼란을 겪는 현실이다.

아무리 스스로를 다독여보려 해도 이미 받은 상처는 쉽게 사라지
지 않는다. 게다가 말은 눈에 보이지 않지만, 때로는 날카로운 칼보다
더 깊은 상처를 남긴다. 그런데도 많은 사람이 말의 무게를 너무 가볍
게 여긴다. 그런데 개인적으로 직장이라는 공간에서는 더 주의를 기울
일 필요가 있다고 본다. 이유인즉, 직장에서 사용하는 언어는 단순한
의사소통의 수단을 넘어 누군가의 자존감을 세우기도 하고, 무너뜨리
기도 하는 대상이라서 그렇다. 무심코 던진 한마디가 누군가에게는 평
생 지워지지 않는 고통으로 남을 수도 있고, 반대로 따뜻한 말 한마디
가 절망 속에서 다시 일어설 용기를 줄 수도 있다.

드라마 〈정신병동에도 아침이 와요〉에서 봤던 장면이 떠오른다.
직장 내 괴롭힘을 당하던 팀장이 상사에게 공개적으로 질책당한다.
"너 미쳤어? 차라리 대리한테 다 맡겨!"
상대는 업무 성과를 높이기 위해 한 말이었을 수도 있다. 하지만

듣는 사람 입장에서는 전혀 아닐 수 있다. '그럴 수도 있지.' 하며 대수롭지 않게 여기는 사람이 있는가 하면, 오랫동안 가시처럼 남아 삶의 의욕을 떨어뜨릴 수도 있으니까.

결국, 직장에서 가장 어려운 대상은 사람이다. 일이 힘든 건 참을 수 있어도, 사람이 힘든 건 오래 버티기 어렵다. 남들은 쉽게 "참아라.", "신경 쓰지 마라."라고 말하지만, 그 안에서 버티는 사람에게는 하루하루가 치열한 전쟁처럼 느껴진다.

나도 한때는 타인의 말 한마디에 일희일비했다. 비난에는 상처받고, 칭찬에는 들뜨고, 억울함에 잠 못 이루기도 했다. 그러던 어느 날, 남의 말에 휘둘릴수록 나만 더 힘들어진다는 걸 깨달았다. 또 내 감정을 내가 먼저 다스리지 않으면 가장 큰 피해자는 나 자신이 된다는 것도 알았다. 그때 직장이 난로 같다는 생각이 들었다. 너무 가까이 다가가면 화상을 입고, 너무 멀어지면 추워지는 그런 난로 말이다. 하지만 현실에서는 그 거리 조절이 쉽지 않다. 때로는 가까이 다가갔다가 뜨거운 말에 데이고, 때로는 거리를 두려다 외로움에 시린 마음을 품게 된다.

그렇다면 적당한 거리에서 온기를 느끼는 방법은 없을까? 상대를 위한 배려가 있다면 가능하다. 그리고 그 직장의 따스한 일부가 당신이 될 수도 있다. 커피 한잔 건네는 손길, 자유롭게 한마디 덧붙일 수 있는 분위기 만들어 주기, 퇴근길에 "오늘 고생 많았어요." 한마디 건네는 여유. 어쩌면 많은 직장인이 기대하는 온기는 이런 소소함에 있지 않을까?

부디 당신은 일이 아닌 사람 때문에 힘들지 않았으면 한다. 혹여 주변에 관계로 인해 아픈 사람이 보인다면, 손을 내밀어보길 바란다. 그 작은 관심이 삭막한 직장을 조금 더 따뜻한 공간으로 만들지도 모른다. 그리고 그 따뜻함은 결국 나에게도 돌아온다. 그런 의미로 오늘, 동료에게 따뜻한 말 한마디를 건네보길 권한다.

10_나를 더 단단하게 해주는 흔들림

한겨울, 매서운 바람이 불었다. 그 바람에 강물은 거세게 밀려 잔잔했던 물결이 일렁였다. 그러나 바람이 지나가고 나니 강물은 언제 그랬냐는 듯이 고요히 제 방향대로 흘렀다. 그야말로 온몸으로 바람을 받아들여 흐름에 따라 움직이다가 바람이 멈추면 제 갈 길을 가는 강물이었다.

인생도 마찬가지다. 흔들리는 순간이 오더라도 흐름을 잃지 않아야 한다. 당연히 예상하지 못한 순간에 어디로 가야 할지 고민할 수는 있다.

나의 지인인 B 대표도 흔들리는 시간을 보냈다. 오래 알고 지냈지만, 유독 다른 모습으로 나타난 날이 있었다. 그리고 "난 서른쯤 맞선을 보고 결혼했어. 배우자를 깊이 알지 못한 채로."라며 단 한 번도 꺼내지 않은 이야기를 들려주었다.

그녀는 결혼 후, 배우자의 무능력을 알게 되었다고 했다. 그리고 경제적으로도, 아버지로서도 책임을 다하지 못하는 모습을 지켜보다가 3년 차에 이혼을 결심했는데, 법정에서 "이제 이 사람은 나의 남편이 아니지만, 아이들의 아빠입니다. 아빠의 역할은 할 수 있도록 해주세요."라고 말했다고 한다.

단순한 분노였다면 그런 말을 하지 않았을 것이다. 그녀는 아이들을 위한 환경을 지키고 싶었다고 고백했다. 이 결정에는 "나는 늘 유전자가 먼저인지, 환경이 먼저인지 고민했어. 그러다 한 심리학 실험에서 답을 찾았지."라며 켈로그 부부의 실험 결과가 큰 영향을 미쳤다고 설명했다. 실험 내용은 이랬다.

태어난 지 7개월 된 침팬지 '구아'가 인간처럼 행동할 수 있는지 관찰하기 위해 자신들의 아들 '도널드'와 똑같이 키웠는데, 변화한 건 구아가 아닌 도널드였다. 이에 아이들에게 주어지는 유전과 환경의 중요성을 알게 되었고, 그에 대한 책임감으로 그런 판단을 한 것이었다. 그렇게 그녀는 20년을 돌싱맘으로 살았다.

모든 이야기를 듣고 나니 그 과정에서 그녀가 얼마나 많이 흔들렸을지 짐작조차 할 수 없었다. 동시에 그녀가 평소 보여줬던 단단함이 어디에서 비롯되었는지 이해할 수 있었다. 말 그대로 그녀는 흔들리면서도 무너지지 않았다. 아니, 오히려 더 단단해졌다.

살다 보면 순풍만 불지는 않는다. 때때로 불어오는 역풍에 '내 인생은 왜 이렇게 어렵지?' 하는 생각이 절로 든다. 이때 그 바람 앞에서 어떻게 서 있을 것인가가 중요하다. 무조건 맞서면 금세 지쳐 쓰러질 테고, 바람을 피해 도망치기만 한다면 앞으로 나아갈 수 없다. 그러니 바람에 흔들려 주는 것도 방법이다. 강물이 바람에 흔들리면서도 제

길을 찾듯, 우리도 인생의 바람 앞에서 잠시 흔들릴 필요가 있다.

어느 해 여름날, 정읍의 라벤더 농장을 찾았다. 보랏빛 들판과 은은한 향기를 기대하며 길을 나섰다. 그런데 현실은 달랐다. 꽃들은 이미 시들어 있었고, 보랏빛이 가득해야 할 들판은 휑했다. '왜 하필 지금 왔을까?' 아쉬움이 몰려왔다. 그런 아쉬움도 잠시, 다른 아름다움이 눈에 들어왔다. 들판 한쪽에서 코스모스들이 조용히 바람에 흔들리고 있었다. 보고 싶었던 보랏빛 라벤더는 아니었지만, 나지막하게 흔들리는 코스모스가 만들어내는 잔잔한 풍경이 오히려 더 마음을 움직였다.

인생도 그렇지 않을까? 원하는 결과를 얻지 못할 때가 많고, 기대한 대로 되지 않는 순간이 다반사다. 하지만 그 순간에도 시선을 조금만 돌려보면, 새로운 기회가 눈앞에 펼쳐질 수도 있다. 중요한 것은 한 곳만 바라보며 실망하는 것이 아니라, 흐름 속에서 나만의 방향을 찾아가는 것이다. 흔들림이 불안정함이 아니다. 심지어 코스모스가 바람에 흔들리면서도 뿌리를 더욱 단단히 내리듯, 우리도 예상치 못한 변화 속에서 더 강해지고 유연해진다.

라벤더 농장에서 코스모스를 발견했던 그날처럼, 삶의 많은 순간이 그렇게 찾아온다. 그러므로 생각대로 되지 않는다고 실망하는 대신, 그 속에서 의미를 찾고 새롭게 펼쳐지는 풍경을 받아들여 보자. 모든 바람은 지나갈 테고, 그 바람을 이겨낸 우리는 더 단단해질 테니까. 결국, 인생은 흐름 속에서 배우고 성장하는 여정이다.

11_원치 않는 것을 멈추게 하는 비결

나는 통통 튀는 공이 나에게 날아오는 것이 두렵다. 아니, 내가 던지는 공조차 무섭다. 이유는 정확히 알 수 없지만, 탁구도, 배구도 즐길 수 없었다. 아이러니하게도 유일하게 잘하는 운동을 꼽으라면 피구였다.

이런 내게 지인이 골프를 배워보라고 권했다. 당연히 나는 "저는 공이 무서워요. 그래서 공으로 하는 운동에는 흥미가 없어요."라고 답했다. 그랬더니 지인이 웃으며 말했다.

"골프공은 날아오는 공이 아닙니다. 가만히 있는 공을 본인이 치면 되는 거예요."

생각해 보니 정말 그랬다. 골프는 다른 스포츠와 달리 내가 주도하는 운동이었다. 이에 흥미가 생겨 레슨을 받기 시작했다.

처음에는 공을 맞히는 것조차 어려웠지만, 점점 공에 집중하는 시간이 길어졌다. 스윙할 때면 잡념이 사라지고, 오직 공과 나만 존재했다. 한 번, 두 번, 공이 정확히 날아갈 때마다 기분이 묘하게 좋아졌다. 그리고 이런 깨달음을 얻었다.

'우와! 골프 연습이 명상이 되네.'

연습을 거듭할수록 신기한 변화가 찾아온 것이다. 머리가 맑아지고, 복잡했던 생각들이 줄어들었다. 내 에너지를 오로지 공에 집중하다 보니, 부정적인 감정들이 자연스럽게 사라졌다. 골프공을 향해 집중하는 그 순간만큼은 원치 않는 감정들에서 벗어날 수 있었다.

이 경험을 한 이후, 직장 생활에서도 같은 원리가 적용된다는 사실을 발견했다. 직장에서는 예상치 못한 상황이 늘 벌어진다. 그렇다고 해서 노력과 결과가 늘 비례하지 않았고, 때로는 기회가 불공평하게 주어지기도 한다. 하루하루 버텨내는 것이 전부일 때도 있다. 이런 현실을 인지하고 나니 '버티는 것만이 답일까? 나는 무엇에 집중해야 할까?'라는 고민이 생겼다.

그러던 어느 날, 나는 내가 작게 가꾸고 있는 농장에서 잡초를 뽑다가 그에 대한 해답을 찾았다. 솔직히 처음에는 별생각이 없었다. 그런데 한 번, 두 번 손을 뻗다 보니 어느새 몇 시간이 훌쩍 지나 있었다. 그렇게 내가 몰입하는 동안 주변은 말끔해져 있었다. 이때 문득 이런 생각이 들었다.

'내 마음속에도 잡초 같은 감정이 자라고 있지는 않을까?'

그때부터 잡초를 제거해 주변을 정돈하듯, 나도 불필요한 감정들을 정리하기로 마음먹었다. 특히 직장에서의 억울함, 불만, 비교하는 마음, 인정받고 싶은 욕구 등이 쌓이지 않도록 노력했다. 그런 부정적인 감정이 결국 내 안의 잡초가 되어버릴 테니까. 더 나아가 나에게 가치 있는 부분들에 집중해 나갔다.

그 무렵, 한 동료가 말했다.

"저는 요즘 달리기를 시작했어요. 이상하게도 달리는 동안에는 오로지 제 숨소리와 발소리에만 집중하게 돼요. 그러다 보면 머릿속이 정리되더라고요."

사실 그는 예전에는 주변 사람들의 말에 쉽게 흔들리는 편이었다. 업무에서 실수를 하면 밤새 자책했고, 타인의 평가에 민감하게 반응했다. 하지만 달리기를 시작하면서 신기한 변화를 경험하고 있다고 했다. 숨이 가쁘고 땀이 흘러 힘들지만 그때만큼은 복잡한 생각이 사라지고, 오직 몸이 움직이는 감각, 거친 숨소리, 도로를 박차는 발소리만이 선명하게 들린다는 것이었다. 게다가 처음에는 10분도 채 뛰지 못했지만, 매일 조금씩 시간을 늘려가며 뛰다 보니 어느 순간 30분이 지나가는 것도 모를 정도로 익숙해졌단다. 그러자 쌓였던 감정의 찌꺼기들이 하나씩 씻겨 내려가는 듯했고, 고민했던 문제들이 달리기를 마치고 나면 한결 가벼워지는가 하면, 전에는 그렇게 마음을 어지럽히던 걱정들이 더 이상 중요하지 않게 느껴졌다고도 했다.

그의 이야기를 들으며 공감이 갔다. 골프공을 바라보며 몰입했던 순간, 잡초를 뽑으며 주변을 정리했던 경험과 맞닿아 있었다.

우리는 종종 삶이 너무 복잡하다고 느끼지만, 실은 우리가 어디에 집중하느냐에 따라 모든 것이 달라진다. 철학자 에픽테토스도 말했다.

"너의 힘이 닿는 곳에 집중하라. 그러면 너의 삶은 훨씬 더 평온해질 것이다."

즉, 우리는 통제할 수 없는 것에 연연할 때 고통을 느낀다. 하지만 바꿀 수 있는 부분에 집중하면 자유로워질 수 있다. 직장 생활에서도 마찬가지다. 내가 성장할 수 있는 기회, 더 나아지려는 노력은 결국 나의 선택에 달려 있다.

그런데도 많은 사람이 원하는 것보다 원하지 않는 것에 집착한다. 실수를 반복하지 않기 위해 두려워하고, 나쁜 평가를 받지 않기 위해 안절부절못한다. 그러나 원하는 대상에 초점을 맞추면, 원치 않는 것은 자연스럽게 사라지기 마련이다. 조금 더 쉽게 하루를 들여다보자. 같은 하루를 보내더라도 무엇에 집중하는지에 따라 그날의 느낌이 달라진다. 불안과 걱정 속에서도 작은 기쁨과 의미를 발견하려 애쓰는 사람과 불만과 불안을 확대하며 자신을 괴롭히는 사람의 하루의 질은 크게 차이난다. 또 그 하루하루가 쌓였을 때, 두 사람의 미래는 전혀 다른 결과를 나타낸다. 결국, 현재 어디에 집중하느냐에 따라 미래가 결정된다.

한때 나는 미래에 대한 불안으로 가득 차 있었다. 앞이 보이지 않는 듯한 막막함 속에서 헤매기도 했고, 불확실한 내일을 걱정하며 밤을 지새운 적도 많았다. 그러다가 그 불안을 없애려고 애쓰기보다, 내가 할 수 있는 일에 집중해 보기로 했다. 글을 쓰고, 걷고, 배우며, 나만의 시간을 채우다 보니 어느새 불안은 희미해지고 삶이 단단해짐을 느꼈다.

너무 먼 미래를 내다보며 초조해하지 말자. 아직 닿지도 않은 문제들을 미리 걱정하며, 현재를 소홀히 하지 말자. 불안을 줄이는 가장 좋은 방법은 내일을 미리 두려워하는 것이 아니라 오늘 내가 할 수 있는 일에 몰입하는 것이다. 그리고 오늘 하루를 마무리하며 스스로에게 물어보자.

"나는 오늘 무엇에 집중했는가?"

12_30년 동안 이어 온 나의 작은 날갯짓

앞서 살짝 언급했듯 나에게는 작은 농장이 있다. 봄이면 꽃들이 만발하고, 꽃과 벌들의 향연이 펼쳐진다. 그러면 나는 카메라를 들고 조용히 꿀벌들의 움직임을 지켜본다. 허락도 없이 셔터를 누르지만, 녀석들은 아랑곳하지 않고 바쁘게 날아다닌다. 꿀벌의 8자 춤을 보고 있으면, 직장인들의 하루가 떠오른다. 한곳에 머물지 않고 끊임없이 움직이는 모습이 너무나 닮았다.

호박벌은 더 신기하다. 몸집에 비해 너무나 작은 날개를 퍼덕이며, 하루 평균 200km 이상을 날아다닌다고 한다. 1초에 200번씩 날갯짓을 해야만 가능하다고 하니, 부지런해도 너무 부지런하다. 어떻게 그렇게 크고 둔해 보이는 몸으로 기적 같은 비행을 해내는 걸까?

이런 호박벌에게는 한 가지 중요한 특징이 있다. 자신이 날 수 있는지 없는지에 대해 전혀 관심이 없다는 점이다. 그저 날아야 하기에, 꿀을 모아야 하기에 날아다닌다. 몸이 무겁다고 불평하지도 않고, 날개가 작다고 좌절하지도 않는다. 단순히 해야 할 일을 할 뿐이다. 그런 호박벌을 보면서 문득 내 직장 생활이 떠올랐다.

나는 30년 동안 한 회사에 다녔다. 처음 출근했던 날의 설렘부터 예상치 못한 난관에 부딪혀 당황했던 순간들, 그리고 조용히 스스로를 다독이며 버텨낸 날들까지. 하루하루 쌓여서 어느새 30년이 되었다. 이런 내게 사람들이 묻는다.
"어떻게 그렇게 오래 다닐 수 있었어요?"
그럴 때마다 나는 웃으며 대답한다.
"그냥 하루하루 하다 보니 여기까지 왔어요."

사실, 특별한 비결은 없다. 그저 내게 주어진 일에 최선을 다하자는 단순한 원칙이 있었을 뿐이다. 물론 힘들 때도 많았다. 어떤 날은 일이 버거워서 도망치고 싶었고, 어떤 날은 아무도 내 노력을 알아주지 않는 것 같아 속상하기도 했다. 그럴 때마다 나는 호박벌을 떠올렸다. 다들 날 수 없다고 해도, 결국 누구보다 멀리 날아가는 작은 생명체. 나도 그렇게 한 걸음씩 나아가기로 했다.

한 선배가 떠오른다. 그는 직장 생활 20년 차에 성공 확률 50%밖에 되지 않는 프로젝트의 팀장을 맡게 되었다. 누구도 선뜻 나서지 않는 일이었다. 실패하면 회사에 엄청난 피해를 줄 수도 있는 상황이라서 주변에서도 "괜히 고생만 하다가 끝날 거야.", "책임만 떠안을 수도 있어."라며 말렸다. 그래도 그는 도전했다. 이후에 들은 바에 의하면,

불가능할 것 같다는 말에 오히려 마음이 불타올랐다고 한다.

프로젝트는 예상보다 험난했다. 3번이나 납기가 연장되었고, 6년 만에야 마무리할 수 있었다. 그런 가운데서도 그는 결국 문제를 해결했고, 회사는 피해 없이 프로젝트를 마쳤을 뿐만 아니라 오히려 추가 수익까지 얻었다. 반면, 선배는 출장과 밤샘을 반복하며 건강까지 악화되었다. 하지만 그는 그 도전을 후회하지 않는다고 말했다. 안 될 수도 있다는 생각보다 어쩌면 될 수도 있지 않을까 하는 마음이 더 컸기에 끝까지 해낼 수 있었다고도 했다.

그런 선배의 직장 생활 슬로건은 "재능이 있는 자는 노력하는 자를 이길 수 없고, 노력하는 자는 즐기는 자를 이길 수 없다."였다. 이에 따라 그는 늘 변화하는 환경 속에서도 배움을 멈추지 않았고, 도전을 피하지 않았다. 실패를 두려워하지 않고, 매 순간을 최선으로 채웠다. 그렇게 살아온 세월이 지금의 자기를 만들었다고 했다.

나도 30년 동안 하루 출퇴근에 3시간 이상 소요되는 장거리 직장 생활을 해왔다. 아침잠이 많은 내가 단 한 번도 지각하지 않았다는 사실에 스스로도 놀랍다. 집에서는 늘 늦잠을 자는데, 회사에는 무슨 일이 있어도 늦은 적이 없다. 그 이유가 뭘까?

매일 아침 5시 30분, 알람이 울린다. 일어나기 쉽지 않지만, 그래도 일어난다. 직장이 있어서다. 힘든 순간도 많지만, 출근길은 내게 언제나 새로운 시작을 의미한다. 동료들과 함께 일하며 성취를 나누고, 작은 보람을 느끼는 순간이 쌓여간다. 선배가 강조했던 '즐겨라!'라는 가치가 내 직장 생활에도 깊이 배어 있다. 새로운 프로젝트가 주어질 때마다 도전 의식을 가지고 임했고, 그 과정에서 배운 것들이 나를 성장시켜 주었다.

당연히 스트레스도 있다. 업무의 압박, 마감 기한, 동료들과의 갈등. 그럴 때마다 나는 꿀벌을 떠올린다. 자기가 좋아하는 꿀을 얻기 위해 열심히 일하지만, 그들은 단순히 자신을 위해서만이 아니라 꽃의 수분을 돕고, 자연을 살리는 일을 한다. 나도 그렇게 살고 싶다. 내가 하는 일이 나 자신뿐만 아니라 주변에도 도움이 되는 일이었으면 좋겠다. 그런 생각이 나를 움직이게 한다.

나는 오늘도 알람 소리에 눈을 뜬 순간부터 작은 날갯짓을 했다. 언젠가 내가 수분한 꽃들이 활짝 피어나리라 믿으며.

2장 달리고 달린 30년 – 또 다른 나를 만나는 아픔의 시간

01_회사에 '잘' 다니는 법

출근하고, 회의를 하고, 마감 기한을 맞추느라 바쁘다. 점심을 먹고, 다시 업무에 집중하다 보면 어느새 퇴근 시간. 하루가 훌쩍 지나간다. 아마도 많은 직장인이 이런 모습일 테다. 그런데 가끔 이런 생각이 든다.

'나는 지금 어디로 가고 있는 걸까?',

'이 길이 맞는 걸까?'

직장 생활을 하면서 수도 없이 던져온 질문이다.

그렇다면 회사에 '잘 다닌다.'라는 말은 무엇을 의미할까? 성실하게 출근하고 맡은 일을 제때 끝내는 것? 무탈하게 회사 생활을 이어가는 것? 아니면 승진하고 인정받으며 커리어를 쌓아가는 것? 정답은 없다. 왜냐하면 회사라는 곳이 저마다의 방식으로 살아가는 생태계니까. 당장 옆 사람들을 봐도 누군가는 조용히 자리를 지키는가 하면, 또 다른 누군가는 변화의 흐름에 올라타 빠르게 성장하지 않는가.

어느 해 승진과 리더 발표가 있던 날 후배가 했던 말이 떠오른다.

"선배, 저는 이끼처럼 묵묵히 직장 생활하고 싶어요."

그는 팀장의 역할을 훌륭히 해내는 사람 중 한 명이었음에도 그런 말을 했다. 솔직히 이끼는 평소에 자기 자신을 잘 드러내지 않는다. 또한 화려하지 않아서 주목을 받지도 못한다. 그런데도 그런 존재가 되고 싶다고 하니 의아했다. 그러나 이끼의 역할을 떠올려 보니 이해가 되었다. 먼저 산소 배출을 해 생명체들의 생명 유지를 해주고, 작은 곤충들의 먹잇감이 되어 먹이사슬의 기초를 담당하기도 한다. 또 홍수나 강의 침식을 막아주기도 하고, 반대로 가뭄이 닥쳤을 때 저장한 물로 땅이 마르는 것을 방지하기도 한다. 한마디로 이끼는 생태계에 없어서는 안 될 존재다.

그럼, 후배는 회사에서 없으면 안 될 존재가 되고 싶었던 걸까? 아니면 그저 지탱하고 싶었던 걸까? 이런 궁금증 끝에 나는 '견딤'의 의미를 되새겨보았다. 개인적으로는 단순히 버티는 것에 멈춰서는 안 된다고 본다. 그 시간 동안 무엇이든 남겨야 한다. 하지만 여기에 대한 부담도 만만치 않다.

다른 후배의 고민도 그랬다.

"계속해서 성장해야 한다는 압박이 너무 커요. 가만히 있는 건 안 되는 걸까요?"

낯설지 않은 이야기였다. 나도 처음 입사했을 때, 하루하루 배우는 게 즐거웠다. 그러다 시간이 지나면서 익숙함이 쌓였다. 문득 주변을 돌아보니 나는 여전히 같은 자리에서 일하고 있었고, 주변은 빠르게 변하고 있었다. 이 현실을 깨닫고 나니 2가지 질문이 충돌했다.

'나는 변화해야 하는 걸까? 아니면 내 속도를 지켜야 하는 걸까?'

그로부터 많은 시간이 흐른 지금 돌이켜 보면, 변화는 강요한다고 이루어지는 게 아니었다. 억지로 변하려고 하면 불안했다. 반면, 내가 필요하다고 느끼는 순간에는 변화는 자연스럽게 다가왔다. 그렇게 변화는 내 바람에 따라 이루어지는 것이었다. 어떤 때는 아무것도 하지 않는 게 최선의 선택이었다. 멈춰 있다고 해서 퇴보하는 게 아니라 뿌리를 깊이 내리는 과정도 필요하니까.

얼마 전, 대학 동기에게서 안부 메시지가 왔다.
"하마터면 열심히 살 뻔했어."
책 제목이었다. 친구는 그동안 너무 앞만 보고 달려왔다며, 이제는 조금은 이기적으로 살고 싶다고 했다. 우리는 아무렇지 않게 열심히 해야 한다는 강박에 사로잡힌다. 하지만 열심히 하는 것이 무조건 좋은 것일까? 핵심은 무엇을 위해 열심히 하는가가 아닐까? 여기까지 생각이 다다른 나는 스스로에게 물었다.

'나는 회사에 다니는 걸까? 회사가 나를 끌고 가는 걸까?', '출근을 하고, 일하고, 퇴근하는 것이 습관이 되어버린 지금, 나는 정말 내가 선택한 삶을 살고 있는 걸까?'

묻고, 또 묻는 사이 한 동료가 한숨을 쉬며 했던 말이 스쳤다.

"내가 이 일을 정말 좋아하는 건지, 그냥 습관적으로 하는 건지 모르겠어요."

늘 성실했고, 묵묵히 맡은 일을 해낸 그였기에 놀랐다. 그리고 그 한마디는 오랫동안 내 마음에 남았다. 그러고 보니 우리는 참 많은 시간을 "해야 하니까." 하면서 살아가고 있었다. 그런데 정말 모든 일을 그렇게 해야 하는 걸까? 해야 하는 무게에 짓눌리지 않고, 하고 싶은 가벼운 마음으로는 일할 수는 없는 걸까?

물론, 많은 사람이 생존을 위해 직장 생활을 한다. 그게 해야 하는 이유가 될 수도 있다. 그러나 이는 우리를 쉽게 지치게 만든다. 그러므로 '나는 어떤 사람으로 남을 것인가?', '어떤 모습으로 기억될 것인가?'와 같은 질문을 하며, 회사라는 공간에서 나만의 의미를 찾고, 나의 속도로 성장하며, 늘 방향을 고민해야 한다. 이게 바쁘게 흐르는 직장 생활에서 나의 주도권을 잃지 않는 방법이다. 더불어 나의 동기 부여가 될 내 삶의 기준이 되어준다.

한 회사에 30년을 근속하고 보니, 견디는 것만으로는 충분하지 않았다. 직장 생활에서 견딘다는 것은 필수적인 요소지만, 그게 전부가 될 수는 없었다. 견딘다는 건 단순히 회사에 계속 다닌다는 의미가 아니라, 나의 자리를 만들어 간다는 뜻이어야 했다.

일본 작가 무라카미 하루키는 《직업으로서의 소설가》에서 타인의 시선이나 기준에 흔들리지 않고 자기만의 길을 걸어가는 자세의 중요성을 강조한 바 있다. 앞으로 나아가는 사람만큼, 한자리에 머물며 꾸준히 자신만의 의미를 지켜가는 사람 또한 소중한 가치를 지니고 있다. 중요한 건 결국 우리가 어떤 방식으로든 삶에서 의미를 찾아가고 있느냐는 점이 아닐까.

일은 단순히 생계를 위한 것이 아니라 나 자신을 찾아가는 과정이기도 하다. 그런 관점에서 우리는 지탱하는 것과 변화하는 것의 균형을 찾고, '열심히'가 아니라 '잘' 살아가는 법을 고민해야 한다. 무작정 버티는 것이 아니라 그 안에서 나만의 성취를 만들어가는 것. 그것이야말로 진짜 회사에 잘 다니는 법 아닐까?

02_멈춤을 가볍게 넘기는 기술

하루는 오랜 세월 파도에 닳아 반질반질해진 몽돌이 가득한 해변을 찾았다. 파도가 밀려올 때마다 작은 돌멩이들이 부딪혔다. 바닷물이 스며들었다 빠져나가며 청아한 소리가 들렸다. 마치 자연이 연주하는 듯했다. 그 연주에 마음속 먼지와 나도 모르게 쌓였던 피로가 씻겨 나갔다. 순간, 문득 이런 생각이 들었다.

'나는 왜 이렇게 지쳤을까?', '앞으로 어디로 가야 할까?'

답을 찾으려 할수록 마음은 더 복잡해졌지만, 한 가지는 분명했다. 같은 자리에 머물러 있기만 해서는 아무것도 바뀌지 않는다는 것.

처음으로 깊은 벽을 마주했던 건 직장 생활 3년 차 무렵이었다. IMF로 사회 전체가 흔들리던 시기. 뉴스에서는 연일 위기를 외쳤고, 거리엔 '임대'라는 글자가 하나둘 늘어갔다. 오가는 사람들의 표정도 무거웠다. 그런 현실 속에서 나는 일에는 익숙해졌지만, 마음 한편의 허전함은 좀처럼 사라지지 않았다. 그게 어디든 빠져나갈 틈이 필요하다고 느꼈다. 그때 잊고 있던 꿈이 떠올랐다. 바로 유치원 교사. 마침

병설 유치원이 생긴다는 소식을 듣고, 새로운 길을 준비하기 시작했다. 하지만 현실은 생각보다 냉정했다. 준비할 시간이 부족했고, 가진 것만으로는 아무것도 할 수 없을 것 같았다. 끝내 그 길을 선택하지 못했다. 좌절감과 실망은 깊었다. 하지만 그 시도 덕분에 하나 깨달았다. 나에게 더 나아지고자 하는 욕구가 있음을.

그 이후, 나는 더 큰 도전을 했다. 비로소 진정한 변화가 필요하다고 느끼고, 대학원에 진학한 것이다. 아이를 키우며 공부를 병행하는 건 쉽지 않았다. 낮에는 일하고, 저녁엔 강의를 들었다. 말 그대로 주경야독이었다. 하루하루가 숨 가빴지만, 마음만큼은 충만했다. 각기 다른 분야에서 온 동기들과의 대화에서도 새로운 시각을 배웠다. 특히 직장에서의 방식이 전부가 아님을 알아차렸다. 무엇보다 강의실에 있을 때만큼은 나 자신으로 존재할 수 있었다. 가정에서는 배우자이자 엄마로, 직장에서는 회사의 일원이었지만, 수업을 듣고 동기들과 소통할 때는 배우는 사람이었다. 그렇게 나는 내 안에 숨은 가능성을 발견했다. 이를 계기로 도전 앞에서 '괜찮을까?', '할 수 있을까?' 하며 주저했던 나는 시도할 수 있는 용기를 갖게 되었다. 변화는 거창한 무언가가 아니라 조용히 스며드는 과정에서 이루어진다는 걸 익힌 덕분이다.

과거의 나는 늘 효율과 성과에 주목했다. 목표를 빠르게 달성해야 한다고 생각했고, 결과가 최우선이었다. 그러다 보니 감정은 점점 희미해졌고, 어느 지점에는 내가 왜 그 일을 하는지도 흐려졌다. 그러다 가 배움을 통해 관계의 소중함을 깨달은 것이다. 더불어 단순히 목표를 이루는 것보다 그 길에서 얼마나 성장하는지가 더 중요함을 인지하게 되었다. 그뿐만 아니라 예전에는 벽에 부딪힐 때마다 '나는 왜 이럴까?'라고 자책했다면, 현실을 자연스럽게 인정하고, 성장할 방법을 찾아 나갔다.

아이유는 한 방송에서 자신은 기쁨과 슬픔 같은 감정에 완전히 휩싸이기보다는, 그 감정들이 결국 지나가는 것임을 알기에 본래의 담담한 상태로 돌아가는 편을 선호한다고 했다. 감정에 휘둘리면 판단이 흐려지고, 기분에 따라 행동이 달라진다. 물론, 감정을 억누르는 게 답이 될 수는 없지만, 감정에 매몰되지 않는 태도가 필요하다. 이걸 알고 있어도 나는 자주 감정에 휘둘려 중요한 부분을 놓친다. 작은 실수 하나에도 깊이 빠져들어 나 자신을 몰아붙인다. 그나마 다행인 건 감정은 고정된 게 아니라 흐르고 변한다는 걸 알고 있다는 점이다. 따라서 감정이 올라오면 애써 억누르려 하기보다 휩쓸리지 않는 적절한 거리를 유지하며, 잠시 멈춰 내가 왜 그 감정을 느끼는지 들여다본다. 글을 쓰거나, 깊이 숨을 들이쉬고 내쉬면서 감정의 소용돌이 속에서 벗어나는 연습을 한다. 그러면 요동치던 감정이 시간의 흐름에 따라 아무 일 없었던 것처럼 사라진다. 이런 순간을 마주할 때마다 핵심은 감정 자체가 아니라 감정을 다루는 방식임을 온몸으로 체험한다.

예전에는 멈추는 게 두려웠다. 바쁘게 움직이고, 무언가를 성취해야만 의미 있는 삶을 사는 거라고 믿었다. 그런데 멈춘다고 해서 끝나는 게 아니었다. 그저 더 멀리 가기 위한 준비 기간이었다. 몽돌 해변에서도 나는 그 흐름을 느꼈다. 몽돌들이 파도에 부딪혀 내는 맑은소리를 들으며, 쉼이란 억지로 만드는 게 아니라 자연스럽게 생겨나는 현상임을 깨달았다. 또 몽돌이 단숨에 반질반질해지지 않듯 나 역시 오랜 시간을 거치며 조금씩 변해간다는 사실도 새삼스레 다가왔다.

그래서 더는 조급해하지 않는다. 지금의 내가 앞으로 어떻게 변할지는 아직 알 수 없지만, 분명한 하나는 천천히라도 나아가고 있다는 것이다. 그리고 시간이 지나 지금의 모습을 떠올렸을 때 더 단단해지고, 더 나다운 모습으로 변해 있으리라 믿는다. 결국 모든 순간이 나를 만드는 법이다.

03_자기다움과 어른다움의 균형

10대의 나는 그 시기가 얼마나 소중한지 알지 못했다. 그저 어른이 되고 싶었다. 미성년자라는 이름 아래 제약이 너무 많다고 느꼈고, 자유로운 삶을 동경했다. 하지만 시간이 지나고 보니 어른이 된다는 건 단순히 나이를 먹는 일이 아니었다. 자유가 주어진 만큼 책임도 커졌고, 원하는 걸 얻기 위해선 그만큼의 노력이 필요했다. 무엇보다 진정한 자기다움과 어른다움이 무엇인지 스스로에게 질문하게 되었다.

"슬픔이 있어야 기쁨을 느낄 수 있어. 슬픔도 중요한 감정이란다."

영화 〈인사이드 아웃〉의 대사다. 우리는 종종 기쁨만을 좇지만, 슬픔이 없이는 온전한 기쁨도 없다. 감정을 억누르는 게 아니라 있는 그대로 받아들일 수 있을 때 자기다움의 시작일지 모른다. 또 어른이 된다는 건 감정을 숨기는 게 아니라 조절하는 법을 배우는 과정이 아닐까 한다.

어릴 적 한 친구는 '와이셔츠 단춧구멍'이라는 별명으로 불렸다. 작은 눈이 콤플렉스였지만, 시간이 지나면서 그마저도 자기의 개성으로 받아들였다. 그런 그가 말했다.

"어른이 된다는 건 단순히 상처를 극복하는 게 아니라 그것이 상처가 아니었음을 깨닫는 과정이 아닐까."

나 역시 과거에는 내 단점을 감추려 애썼지만, 시간이 흐를수록 그것이 오히려 나를 만드는 요소임을 깨달았다. 이렇게 자기다움이란, 부족함까지도 내 일부로 받아들이는 거라고 본다. 또 그 모습은 아름다워 보이기도 한다.

가수 이효리는 자기다움을 지키는 대표적인 인물이다. 한 방송에서 한 아이에게 "어떤 사람이 되고 싶냐?"라는 질문을 받았을 때, 어른들이 먼저 답했다.

"훌륭한 사람이 되어야지."

그때 이효리가 웃으며 말했다.

"뭘 훌륭한 사람이 돼? 그냥 아무나 돼."

애써 꾸미지 않아도 되는 자기다움, 있는 그대로의 모습이 전해지는 순간이었다. 자기다움이란 자기중심적으로 사는 게 아니라 자신을 존중하면서도 타인을 배려하는 태도에서 비롯되는 것인지도 모른다.

철이 든다는 건 무엇일까? 자연의 순환을 이해하고, 변화에 적응하는 법을 알게 되면 비로소 철이 들었다고 말한다. 10대가 꿈을 꾸는 것이 자연스러웠다면, 20대 즉 성인이 되면 현실과 마주하며 책임을 배운다. 다시 말해, 어른다움은 단순히 나이를 두고 말하는 게 아니라 본인의 말과 행동에 책임을 지고, 타인의 의견을 존중하는 태도에서 비롯됨을 의미한다. 그러나 그런 어른다움을 보여주는 사람이 과연 몇이 되나 싶다.

명절을 앞두고 노인복지회관에서 윷놀이 봉사를 했던 때도 그랬다. 어르신들이 함께 웃으며 놀이를 즐길 거라 기대했지만, 현실은 달랐다.

"이거 내 차례야!", "아니야, 내가 먼저 던졌어!"

사소한 규칙 하나에도 논쟁이 이어졌다. 이 모습을 보며 어른다움은 나이보다 태도에서 비롯되는 것임을 다시금 깨달았다.

반대로 진정한 어른의 면모를 보여준 이가 있다. 부산 감천문화마을의 '날다람쥐'라 불리는 어르신이다. 그는 오른손이 불편하고, 귀도 잘 들리지 않았지만, 35년 넘게 새벽마다 신문을 배달하고, 책을 손에서 놓지 않았다. 그의 작은 집에는 3,000권이 넘는 책이 있었고, 하루 한 권 이상 책을 읽으며 배움을 멈추지 않았다.

"논어에는 인간의 삶을 꿰뚫는 지혜가 가득하다."며 한 달에 30~45권을 구입했다. 그런 그가 신문 배달을 시작한 건 사고로 손을 다쳐 더 이상 장사를 할 수 없게 된 후였다. 처음에는 좌절했을지언정 자신의 현실을 받아들이고, 새로운 길을 찾았다. 불평하기보다는 배우고자 하는 태도 덕분에 감천문화마을의 '스타'가 되었다. 그의 어른다움은 단순히 나이를 먹어서가 아니라 삶을 대하는 태도에서 비롯되었다. 그와 같이 힘든 현실 속에서도 배움을 놓지 않고, 자신의 실수를 인정하며 나아가는 태도야말로 진정한 어른다움이 아닐까.

　자기다움과 어른다움은 대립하는 개념이 아니다. 오히려 서로를 보완하며 삶을 더욱 풍요롭게 만든다. 자기다움은 감정을 있는 그대로 인정하는 것이고, 어른다움은 책임감 있게 세상을 대하는 태도를 의미한다. 자기다움을 지키면서도 어른다운 태도를 가질 때, 우리는 보다 성숙한 사람이 될 수 있다.

　나는 스스로에게 묻는다.
'나는 정말 어른다운가?'
　당연히 인간은 완벽하지 않기에 여전히 실수를 하고, 때때로 감정을 조절하지 못할 때도 있다. 하지만 중요한 건 앞서도 언급했듯 부족함을 인정하고, 배우려는 자세를 잃지 않는 것이다. 그렇기에 배움과 반성을 통해 더 나은 사람이 되기 위해 노력한다면, 그것이 바로 성숙해지는 과정이라고 말하고 싶다.

　우리는 살아가면서 수많은 선택의 기로에 놓인다. 결국, 자기다움을 지키면서도 어른다운 책임감을 가지는 균형이야말로 삶을 더욱 깊고 의미 있게 만드는 요소가 아닐까. 부디 나의 선택이 자기다움을 잃지 않는 어른다움에 가까워지길 바라며, 오늘 나는 어떤 어른이 될 것인지 곰곰이 생각해 본다.

04_직장 생활에서 터득한 회복의 기술 5가지

독감에 걸리지 않아도 주사가 아픈 걸 알면서도 예방접종을 한다. 직장에서도 마찬가지다. 힘들 법한 순간이 오는데도, 툴툴 털어내고 다시 일어나는 동료들이 있다. 나는 그럴 때마다 핑계를 만들거나 위축되기 일쑤인데, 그들은 어떻게 그 어려움을 견뎌내는 걸까? 그들만의 회복력 백신이 따로 있는 걸까? 가끔은 직장인들에게도 '회복 예방주사' 같은 게 있으면 좋겠다는 생각이 든다.

직장 생활을 하다 보면 상사에게 깨지고, 예상치 못한 실수에 자책하며, 때로는 프로젝트가 기대만큼 풀리지 않아 좌절할 때도 있다. 그런데도 다시 성과를 내는 사람들이 있다. 대체 그들에게는 어떤 힘이 숨어있는 걸까?

몇 해 전, 울먹이는 목소리로 한 후배가 전화를 했다. 얼마나 울었는지 목이 쉬어 있었다. 이유인즉, 건강검진 일정을 조율하다가 근로자에게 항의를 받았다고 했다. 다짜고짜 화를 내는 통에 변명할 틈도 없이 그저 듣기만 했다고.

그 말을 듣는 순간, 나도 같이 눈물이 또르르 흘렀다. 같은 상황은 아니었지만, 비슷한 경험이 떠올랐기 때문이다. 그래서 후배에게 "그래, 전화 잘했어."라며 그의 이야기를 들어주었다. 업무적으로도 성과가 잘 나지 않아 무기력해졌던 후배는 그 일로 더 무너진 듯했다. 스트레스를 받는 그에게 가장 필요한 건 뭐였을까? 지금 돌이켜 보면, 바로 '회복탄력성'이었다.

회복탄력성이란, 스트레스나 실패를 겪었을 때 다시 제자리로 돌아오는 힘이다. 사실 나도 남들보다 쉽게 상처받고, 회복이 느린 편이다. 그래서 늘 회복탄력성을 키우고 싶었다. 실패는 누구에게나 찾아오지만, 문제는 그것을 어떻게 받아들이느냐는 것이다.

회복의 첫걸음은, 그 감정을 충분히 마주하는 데서 시작된다. 작고 큰 위기를 맞닥뜨릴 때, 멘탈은 흔들리고 인생이 송두리째 휘청이는 듯한 순간이 온다. 하지만 결국 삶은 계속된다. 주어진 시간을 살아가야 한다면, 우리는 스스로에게 질문을 던져야 한다.

"이 위기를 어떻게 극복할 수 있을까?"

어떤 병을 앓을 때, "잘 앓아야 면역이 생긴다."고 한다. 감정도 그렇다. 힘든 감정을 억누르려 하지 말고, 있는 그대로 받아들이는 것이 중요하다. 괜찮아지려고 애쓰기보다는 있는 그대로의 감정을 충분히 경험하고, 나를 이해하는 시간이 필요하다. 그렇게 나를 마주할 때, 비로소 다시 일어설 힘이 생긴다.

한편, 나는 직장 생활에서 크고 작은 어려움을 겪으며, 나만의 회복 기술을 발견하게 되었다. 그 과정에서 배운 다섯 가지 방법을 공유해 본다.

1. 감정의 날씨 예보하기

아침에 일어나면 오늘의 감정이 어떤지 살펴본다. "오늘은 어떤 기분이지?"라고 스스로에게 묻는다. 기분이 흐리면 그 이유를 들여다보고, 감정이 폭풍처럼 몰아칠 것 같다면 무리한 일정은 조정한다. 날씨가 흐리면 우산을 준비하듯이, 내 감정의 변화를 인식하는 것이 회복의 시작이었다.

2. 감사일기 쓰기

잠들기 전, 하루를 돌아보며 감사한 일들을 적는다. 글로 정리하는 과정에서 부정적인 감정이 조금씩 정리된다. 감사하는 습관은 뇌의 사고 회로를 긍정적으로 바꾸는 데 도움을 준다.

3. 나만의 리셋 시간 갖기

업무 중에도 10분 정도 나만의 '리셋' 시간을 갖는다. 조용한 곳에서 심호흡을 하거나, 창밖을 바라보며 머릿속을 비운다. 잠깐의 쉼이 다시 집중할 힘을 만들어 준다. 큰 변화가 필요한 게 아니라 작은 변화가 중요하다는 걸 깨달았다.

4. 취미를 통한 정서적 해방

업무의 스트레스를 해소하기 위해 취미를 찾았다. 꽃을 가꾸고, 주말농장에서 땅을 만지는 시간이 내겐 위로가 됐다. 단순한 오락이 아니라 나를 재발견하고, 마음을 회복하는 과정이었다. 취미 속에서 몰입하는 순간, 직장에서의 부담이 사라졌다.

5. 신체 에너지 충전하기

몸이 지치면 마음도 버티기 어렵다. 회복탄력성을 유지하려면 기본적인 건강 습관이 필수다. 잘 먹고, 잘 자고, 적절한 운동을 하는 것만으로도 회복의 힘이 생긴다. 특히, 몸을 움직이는 것은 스트레스 해소에 탁월한 효과가 있다.

직장 생활은 때때로 버겁지만, 꾸준히 나를 돌보고 회복의 기술을 실천한다면 우리는 다시 일어설 수 있다. 힘든 기억을 컴퓨터 휴지통처럼 삭제할 수 있다면 좋겠지만, 마음은 그렇게 단순하지 않다. 그럴 때는 현재의 나를 다독이는 시간이 필요하다. 내가 지금 무엇 때문에 힘든지, 어떤 감정을 느끼고 있는지, 내 마음을 들여다보는 것이다.

"그렇구나, 힘들었구나.", "괜찮아, 잘하고 있어.", "조금만 더 가보자, 잘될 거야."

이렇게 스스로를 다독이다 보면, 어느새 다시 일어설 힘이 생긴다.

05_남의 시선이 아닌 나에게 집중하기

출근길, 엘리베이터 거울을 본다. 헝클어진 머리, 대충 걸친 옷. 이 상태로 괜찮을까 싶어서 괜스레 손으로 머리를 몇 번 쓸어 넘기고, 옷 매무새를 정리해 본다. 하지만 고개를 들고 주변을 둘러보니, 다들 휴대폰을 보거나 멍한 얼굴로 서 있다. 새삼 느꼈다. 내가 신경 쓰는 만큼 아무도 나를 신경 쓰지 않는다는 사실을.

그런데도 우리는 늘 남의 시선을 의식하며 살아간다. "단정하게 입어야 해.", "사람들 앞에서 실수하면 안 돼." 하면서 말이다. 이처럼 남들의 시선을 신경 쓰느라 정작 중요한 부분을 잊곤 한다. 남이 아니라, 나 자신을 위해 살아가는 법.

처음 출근하는 날에도 그랬다. 회사 건물 앞에서 한참을 서 있었다. 새로운 환경, 낯선 사람들, 앞으로 펼쳐질 하루를 떠올려 보았다. 아니, 버스를 기다리면서부터 인사하는 방식부터 자리에서의 행동까지 몇 번이고 시뮬레이션했다. 그래도 '실수하면 어쩌지?'라며 긴장했다. 손바닥이 살짝 젖어갔다. 사무실 문 앞에서 한 번 더 깊이 숨을 들이마신 뒤, 마음을 다잡고 문을 열었다. 그리고 놀라운 광경을 목격했다. 아무도 나를 신경 쓰지 않았다. 다들 자기 할 일에 바빠 보였고, 가볍게 인사를 나눈 후엔 누구도 나에게 관심을 두지 않았다. 심지어 점심시간에 국물을 흘려 셔츠에 얼룩이 생겼지만, 아무도 알아채지 못했다. 그제야 깨달았다. 사람들은 생각보다 나에게 관심이 없다는 걸.

그때는 몰랐다. 남의 시선을 신경 쓰는 것이 회사 생활에서 얼마나 큰 짐이 되는지를. 입사한 지 얼마 안 됐을 때, 팀 회의에서 의견을 낼 기회가 왔다. 머릿속에서는 수많은 아이디어가 떠올랐지만, 나는 끝내 말을 꺼내지 못했다.

'혹시 바보 같은 의견이라고 생각하면 어쩌지?', '괜히 튀었다가 눈 밖에 나는 거 아닐까?', '말실수하면 모두가 나를 기억하겠지?' 등과 같은 걱정에 결국 아무 말도 하지 못했다. 그런데 몇 분 뒤, 선배가 나와 비슷한 아이디어를 제시했고, 팀장은 그 의견을 칭찬했다. 그랬다. 나만 내 의견을 두려워했던 것뿐이었다. 그래서 다음 회의 때, 용기 내어 의견을 말했다. 놀랍게도 아무도 나를 이상하게 보지 않았다. 그저 내 의견이 업무에 도움이 될지 도움이 되지 않을지 논의할 뿐이었다.

한번은 중요한 프레젠테이션 자리에서 실수를 했다. 데이터값을 잘못 말한 것이다. 당황한 나는 얼굴이 뜨거워지고 손이 떨렸지만 "죄송합니다. 다시 말씀드리겠습니다."라고 한 뒤 발표를 이어갔다. 하루 종일 '분명 다들 내 실수를 기억할 거야.'라는 생각에 창피해서 고개를 들 수 없었다. 그로부터 며칠 뒤, 팀원들과 이야기하다가 슬쩍 물어봤다.

"그때 발표 어땠어요?"

놀랍게도 아무도 내 실수를 기억하지 못했다. 나만 그 순간에 갇혀 있었음을 알았다.

실제로 사람들은 자기 일하느라 바쁘다. 남들이 내 실수를 오래 기억할 거라고 착각하지만, 대부분 금방 잊어버린다. 이를 직접 체험한 나는 실수를 두려워하지 않게 되었다. 또 이런 주문을 걸었다.

"실수를 해도 된다. 어차피 나만 기억할 뿐이니까."

이렇게 마음을 달리 먹은 내게 한 후배가 고민을 털어놓았다.

"출근할 때마다 옷차림 때문에 신경이 쓰여요. 회사 사람들이 저를 평가할 것 같아서요."

그 말을 들은 나는 되물었다.

"그럼, 넌 다른 사람들이 어떤 옷을 입고 왔는지 다 기억해?"

후배는 잠시 멈칫하더니 고개를 저었다. 맞다. 우리는 자기 자신에게 신경 쓰느라 바쁘다. 남들도 똑같다. 다들 본인을 챙기느라 다른 사람에게 큰 관심이 없다. 그렇다면 남의 시선을 신경 쓰지 않는다면 어떤 삶을 살 수 있을까? 아마도 더 당당하게 자기 의견을 말하고, 실수를 두려워하지 않고 도전하며, 나만의 개성을 자유롭게 표현하지 않았을까. 좋아하는 옷을 입고, 진짜 원하는 일을 하면서 살지 않을까.

문득 친구가 했던 말이 떠오른다.

"나, 이제 남 눈치 보지 않기로 했어."

이유가 궁금해진 나는 물었다.

"갑자기 왜?"

그러자 다음과 같은 대답이 돌아왔다.

"생각해 보니까 사람들은 나를 별로 신경 안 쓰더라고. 내가 예전보다 말이 많아졌다고, 분위기가 달라졌다고 할 줄 알았는데, 아무도 그런 말을 안 해. 결국, 나 혼자 신경 쓰고 있었던 거야."

그때 나도 웃으며 맞장구쳤던 기억이 난다.

"맞아. 결국 우리만 우리를 신경 쓰고 있는 거야."

많은 사람이 늘 잘살아야 한다는 부담 속에서 자신을 가둔다. 그런데 그 부담을 강요하는 건 다른 사람이 아니라 어쩌면 나 자신일지도 모른다. 물론, 사회생활을 하면서 남의 시선을 완전히 무시할 수는 없다. 그러나 적어도 그 시선에 휘둘려 내 인생을 포기할 필요는 없다. 그러니 사람들은 생각보다 나에게 큰 관심이 없다는 이 진실을 받아들이자. 그 순간부터 쓸데없는 걱정에서 벗어나 한결 가벼워질 테다.

나 자신을 위해 살아도 괜찮다. 진짜 자유는 남의 기대에 맞추려 애쓸 때가 아니라 나답게 살아갈 때 비로소 찾아오는 거니까. 그런 의미로 하나 제안한다. 오늘부터는 나를 위한 선택을 하나씩 해보자.

06_고비를 넘을 때 비로소 보이는 것들

"왜 하필 나에게 이런 일이 생길까?"

살면서 누구나 수도 없이 되뇌게 되는 말이다. 예상치 못한 어려움 앞에서 우리는 흔들리고, 때로는 모든 걸 내려놓고 싶어진다. 벼랑 끝에 선 듯한 절망감이 몰려오기도 한다. 하지만 시간이 지나고 나면 깨닫는다. 그 순간이 없었다면 지금의 나는 존재하지 않으리라는 걸. 다시 말해, 고비를 넘는다는 건 단순히 버티는 게 아니다. 그 시간을 어떻게 지나느냐에 따라 내가 어떤 사람으로 성장할지가 결정된다.

M 선배를 처음 만났을 때, 그녀는 누구보다 단단해 보였다. 물론 처음부터 그런 사람은 아니었다. 그 역시 두려워했고, 고민했고, 선택 앞에서 머뭇거렸다. 그런 그녀가 선택한 부서는 다들 꺼리는 중환자실이었다. 주변에서는 걱정했지만 그의 답은 단호했다.

"언젠가 더 큰 일을 하려면 지금 이 시간을 견뎌야 해."

그로부터 몇 년 후, 그녀는 더 큰 기로에 섰다. 1980년대 중반, 여성 간호사가 해외로 나가는 일은 드물었다. 그러나 그녀는 주저 없이 사우디아라비아행을 택했다. 낯선 언어, 문화, 환경. 쉽지 않은 결정이었다. 그렇게 그녀는 전혀 다른 세상을 만났다. 의사소통의 벽에 부딪히고, 새로운 의료 시스템에 적응해야 했다. 고단한 시간이었지만 세상은 넓고, 해볼 수 있는 일이 많음을 몸소 체험했다. 그렇게 적응해 가던 어느 날, 뜻밖의 시련이 찾아왔다. 갑상선암, 뇌하수체종양, 척수염으로 하루아침에 반신마비가 된 것이다.

걷는 것 아니, 말하는 것조차 버거웠던 그녀는 병상에 누워 하루에도 몇 번씩 기도했다고 한다.

"제발 40살까지만. 아이들이 학교 가는 모습만이라도 볼 수 있게 해주세요."

희망이 보이지 않는 상황에서도 끝까지 포기하지 않은 것이다. 결론적으로 그녀는 다시 일어나서 살아냈다. 그뿐만 아니라 50대가 되어 대학에 들어갔고, 학위를 마쳤고, 강단에도 섰다. 현재는 기부를 하고, 장기 기증을 서약하며, 많은 선교사를 후원하고 있다. 무엇보다 삶을 유쾌하게 살아가고 있다.

고비 앞에서는 누구나 흔들린다. 직장 생활을 하다 보면 한 번쯤 그런 순간이 온다. 프로젝트가 난항을 겪기도 하고, 예상치 못한 변화가 찾아오기도 한다. 변화는 늘 예고 없이 찾아온다.

그렇지만 철학자 니체가 남긴 말이 있다.

"우리를 죽이지 않는 것은 우리를 더 강하게 만든다."

단순한 위로가 아니다. 그는 시련이 인간을 단단하게 만든다고 보았다. 시련을 피하기보다 온전히 받아들이고, 그 과정을 통해 변화하는 것. 그것이 진정한 성장이다.

어려움을 맞닥뜨렸을 때, 그것을 단순한 불행으로 받아들이기보다 내 안의 가능성을 깨우는 기회로 삼는 것이 중요하다. 스포츠 선수들이 부상을 겪으면 그 시간을 새로운 기술을 익히는 데 사용하듯이, 음악가들이 연주 중 손가락을 다치면 다른 악기를 배우거나 새로운 연주 방식을 개발하듯이. 우리는 언제든 더 나아질 방법을 모색할 수 있다. 한마디로 위기의 순간이 오히려 기회가 될 수도 있다. 어떻게 바라보느냐에 따라 우리는 더 큰 도약을 할 수도, 혹은 주저앉을 수도 있다. 핵심은 그 과정에서 배우고 성장하는 자세다.

한 번 더 니체의 말을 떠올려보자면, 나비가 되려면 애벌레로 사는 것을 감수해야 한다. 화려한 무늬를 가진 나비도 그냥 탄생하는 게 아니다. 알에서 애벌레가 되고, 다시 번데기를 거쳐야 비로소 나비가 된다. 당연히 각 단계마다 고통이 따른다. 그래도 한 단계를 뛰어넘을 때마다 더 단단해지고, 최종적으로 어디든 날아갈 수 있는 존재가 된다. 그래서 나는 힘들 때마다 어둠 속에서 나비가 되기를 기다리는 번데기를 떠올리며 스스로에게 묻는다.

"이 고비를 넘으면 무엇이 달라질까?", "나는 지금 성장하고 있는가?", "이 순간이 내 삶에서 어떤 의미를 가질까?"

질문이 늘 같은 건 아니다. 다만 답을 찾는 과정에서 어떤 선택을 하느냐에 집중한다. 포기할 것인가, 아니면 새로운 가능성을 향해 나아갈 것인가? 고비를 넘는다는 건 단순한 인내가 아니기 때문이다. 또 모든 순간이 나를 훈련하는 과정이기에 넘어질 수도 있고, 멈춰 서고 싶을 때도 있다. 명심해야 할 부분은 끝까지 가봐야 진정한 내 모습을 마주할 수 있다는 점이다. 그리고 지금까지의 경험으로 그 끝에서 내가 만난 가장 강한 사람은 바로 나 자신이었다.

07_나를 다독이는 주문

분리수거를 하면서 멈칫할 때가 있다. 가령, 피자 박스를 버리려다가 기름이 묻은 부분을 발견하고, 고민을 하는 것이다.

'이렇게 버려도 되는 걸까? 깨끗한 부분만 떼어내서 버려야 할까?'

그러다가 '다들 대충 버리는데 나도 그냥 버릴까?' 하는 생각이 든다. 그런데 어떤 선택을 하든 그걸 아는 사람은 나뿐이다. 이렇게 아무도 감시하지 않는 공간에서 스스로 결정해야 하는 순간이 의외로 많다.

우리는 어린 시절부터 양심과 관련한 이야기를 참 많이 듣는다. 심지어 학교에서는 도덕 교과목을 만들어 선과 악을 구분한다. 그리고 나는 사회생활을 하면서 그것이 나의 행동을 결정짓는 보이지 않는 힘임을 깨달았다. 이러한 보이지 않는 것들이 만들어내는 힘은 우리가 예상하는 것보다 크다.

예를 들어, 사무실에서 상사가 있을 때와 없을 때의 근무 태도가 달라지는 것처럼 말이다. 또 주변의 시선이 우리를 조용히 붙들기도 한다. '내가 그렇게 말하면 실망하지 않을까?', '괜한 소리를 하는 건 아닐까?'와 같은 염려들이다. 이 모두가 보이지 않는 기대와 규칙임에도 우리의 선택을 조정한다. 마치 어디선가 더 잘하라는 소리가 들리는 듯도 하다.

그렇다고 눈에 보이지 않는 것들이 늘 우리를 무겁게만 하는 건 아니다. 특히 신뢰, 책임감, 배려는 우리를 움직이게 하는 원동력이 된다. 상사가 없어도 맡은 일을 끝까지 해내는 사람, 누군가 어려움을 겪을 때 먼저 다가가는 사람, 그리고 그런 태도를 꾸준히 이어가는 사람이 결국 주변의 신뢰를 얻으니까.

맞다. 핵심은 보이지 않는 것들을 어떻게 받아들이느냐다. 그것이 우리를 억누르는 부담이 될 수도 있고, 더 나은 방향으로 나아가게 만드는 힘이 될 수도 있다. 피자 박스의 기름 자국을 보며 고민했던 순간처럼 삶의 많은 순간에서 선택의 기로에 선다. 그리고 결국 그 선택이 어떤 사람인지를 보여준다.

몇 년 전, 건강검진을 받다가 예상치 못한 결과를 접했다. 단순한 정기 검진이었는데, 뜻밖에도 뇌혈관 검사에서 동맥류가 의심된다는 결과를 받았다. 멍하니 결과지만 바라봤다. 별다른 증상도 없었기에 '설마' 했지만, 정밀 검사를 받아야 한다는 말에 당황스러웠다. 좋지 않은 결과가 나올 수도 있으니 그 가능성만으로도 걱정이 밀려왔다.

그제야 내가 눈앞에 보이는 것에만 신경 쓰며 살아왔음을 뉘우쳤다. 몸속에서 일어나는 일이 더 중요한데도 말이다. 이건 비단 건강뿐만이 아니다. 관계나 감정에 있어서도 마찬가지다. 겉으로는 괜찮아 보여도, 마음속에서는 조용히 균열이 생기고 있을 수도 있다.

문제는 이런 균열은 이해받기가 쉽지 않다는 데 있다. 말 그대로 보이지 않는 고통이다. 다행히 정밀 검사에서 선천적인 구조라는 진단을 받았다. 이후 조영제 알레르기로 심한 피부 트러블을 겪었다. 피부 질환은 쉽게 주변인들의 이해를 받기가 어려웠다. 그때 사람들은 눈에 보이지 않는 아픔에는 쉽게 공감하기 어렵다는 걸 느꼈다. 육안으로 봤을 때 멀쩡해 보이니 괜찮다고 여기는 것이다. 물론 나 역시 그랬다.

그 후로 세상을 바라보는 방식이 달라졌다. 예전에는 쉽게 판단했던 일들이 다르게 보였다. 유명 개그우먼이 피부병으로 극단적인 선택을 했을 때, 솔직히 '그 정도로 힘들었을까?' 싶었다. 하지만 직접 겪고 나니, 그것이 결코 사소한 일이 아니라는 걸 알게 되었다. '내가 경험해 보지 않은 일에 대해서 너무 쉽게 단정하고 있었던 건 아닐까?'라는 반성도 하게 되었다. 커피를 좋아하는 사람은 커피가 건강에 좋다는 기사만 읽고, 반대되는 정보는 무시하듯이.

어쩌면 우리는 각자의 '보이지 않는 것'을 품고 살아가는지도 모른다. 누군가는 겉보기에 밝아 보이지만, 속으로는 깊은 외로움을 안고 있을 수도 있다. 어떤 상처는 말해도 이해받지 못할까 봐 숨긴다. 그래서 나는 함부로 재단하기보다 더 넓게 보려 한다. '그래, 그럴 수 있지. 나도 모르는 무언가가 있을 테니까.'와 같은 시선으로 보이지 않는 것들에 조금 더 마음을 기울이면서.

과연 타인의 아픔을 정확히 알 수 있을까? 어떤 이는 작은 실수에도 극도로 예민하게 반응하고, 또 어떤 이는 묵묵히 참다가 어느 순간 무너진다. 분명 그들에게는 그럴 만한 사정이 있다고 본다. 그런데도 많은 사람이 눈에 보이는 것으로만 판단한다. 겉으로 보이는 행동과 말이 전부가 아닐 수 있는데도 숨어 있는 모습은 보려 하지 않는다.

직장 생활에서도 그러하다. 약속을 잘 어기는 사람, 쉽게 상처받는 사람, 누군가를 험담하는 사람 등 도무지 이해할 수 없는 사람들을 만난다. 하지만 돌이켜보면, 나 역시 누군가에게는 이해할 수 없는 사람이었을지도 모른다.

이해한다는 건 단순히 상대의 행동을 받아들이는 게 아니다. 보이지 않는 배경과 이유를 헤아려 보려는 노력이다. 때로는 설명되지 않는 감정과 반응이 있을 수도 있다. 그럴 때 쉽게 판단하지 않고, 한 걸음 물러서서 바라볼 수 있으면 좋겠다. 서로 다른 경험을 한 사람들 사이에서 완전한 이해는 어렵다. 그러나 그 차이를 인정하는 순간, "그래, 그럴 수 있지."라는 말이 나온다. 보이지 않는 것들이 만들어내는 오해와 단절을 줄이기 위해 이해할 수 없어도 받아들이는 자세가 필요하다는 걸 나이가 들어갈수록 더 많이 실감한다.

어쩌면 모든 관계가 이렇게 흘러가는 것인지도 모른다. 상대를 바꾸는 게 아니라 내 시선을 바꾸는 것. 이렇듯 무엇이든 내 시선과 태도에서 시작된다. 상대방의 행동을 내 기준에서 판단하면 화가 나고 실망스럽지만, '그래, 그럴 수 있지.'라고 생각하면 조금은 마음이 편해진다.

보이지 않는 것들은 우리 삶 곳곳에 스며들어 있다. 그것도 상상하는 그 이상으로. 그래서 때론 답답하고 억울하게 느껴질 수도 있지만, 그 속에도 분명한 의미가 있다. 보이지 않는 것들을 더 깊이 들여다볼 때, 진짜 중요한 게 무엇인지 깨닫게 되는지도 모른다.

"그래, 그럴 수 있지."

이 말이 단순한 체념이 아니라 나를 다독이는 주문이 되기를 바란다.

08_누군가 나를 공격해 올 때

　2008년, 좋아하던 연예인의 비보를 들었다. 차가운 바람이 스며들 듯, 가슴 깊이 충격이 밀려왔다. 악성 루머에 시달리며 힘들어했던 그녀의 모습이 떠오르며, 익명의 비난이 얼마나 치명적일 수 있는지 깨달았다. 사람들은 그녀에 대해 얼마나 알고 있었을까? 단편적인 정보만으로 누군가를 함부로 판단하고, 그 판단이 결국 한 사람을 극한으로 내몰 수 있다는 사실이 씁쓸했다.

　직장인들에게도 익명으로 감정을 쏟아내는 공간이 있다. '블라인드'라는 앱이 그렇다. 솔직한 의견을 나누는 창구가 되기도 하지만, 때때로 독이 되는 공간으로 변하기도 한다. 익명성을 방패 삼아, 누군가는 마음껏 돌을 던진다.

　몇 년 전, 나 역시 블라인드에서 예상치 못한 경험을 했다. 주목받는 걸 좋아하지 않는 내가 갑자기 블라인드의 화제가 되어 있었다.
　'이건 뭐지? 도대체 왜?'

승진의 기쁨을 누리기도 전에 한겨울 찬물을 뒤집어쓴 듯 얼어붙었다. 무슨 이유에서였을까? 익명이기에 물어볼 수도 없었다. 단지 글을 올린 사람의 감정이 내게 향한 것이겠거니 추측할 수밖에 없었다. 그 순간, 연예인들이 왜 악성 댓글에 고통받는지 조금이나마 이해할 수 있었다.

이 일을 친구 L에게 털어놓았다. 그랬더니 그녀는 자신의 경험을 들려주었다.

"나는 말이야, 어떤 직원이 와서 그러더라. '○○ 씨가 L 씨 성격이 나빠서 그 나이 되도록 시집도 못 갔다고 하더라.'라고. 듣고 나니 기분이 나쁠 수밖에 없잖아? 그 자리에서 바로 ○○ 씨에게 전화했지. 그리고 '○○ 씨, 사람 보는 눈이 참 없네요. 앞으로는 사람 보는 눈 좀 키우세요.'라고 말해줬어."

L의 이야기를 들으며, 나는 중요한 교훈을 얻었다. 익명 속에서 던지는 비난에 휘둘릴 필요가 없다는 것. 그렇다. 누군가가 나를 비판하고 험담할 수도 있다. 하지만 그것이 정말 내 문제일까? 아니면 상대의 감정과 편견이 만들어낸 것일까? 그러니 익명의 공격이 있을 때, 무조건 받아들이는 것이 아니라 '이것이 정말 나에게 해당하는 이야기인가?' 질문해 봐야 한다.

나는 익명 속에서 던져진 말에 쉽게 상처받고 무너지기도 했다. 그래서 나처럼 힘들어하는 동료들에게 내 경험을 들려주며 위로하기도 했다. 그 과정에서 깨달았다. 나를 공격하는 사람들은 내 인생을 살아 주는 사람들이 아니라는 사실을. 내 인생은 내가 살아가는 것이다.

한번은 "아무런 이유 없이 사람들이 저를 미워해요. 저를 알려고도 하지 않고 미워하고 악플을 달아요."라며 고민을 털어놓는 아이돌에게 방송인 최화정이 이렇게 말하는 걸 본 적이 있다.

"사람이 아무 이유 없이 누군가를 좋아하기도 하지만, 아무런 이유 없이 누군가를 싫어하기도 해. 사람들이 너의 진짜를 모르고 좋아하는 것처럼, 너의 진짜를 모르고 싫어하기도 하는 거지. 그러니 그냥 퉁쳐 버려."

다들 알겠지만 '퉁친다.'라는 말은 서로 간에 줄 것과 받을 것이 없는 것으로 하자는 뜻이다. 정말 멋진 이야기다. 그 이야기를 듣고 나니 굳이 아플 필요가 없었다는 걸 알게 되었다. 익명으로 던진 말들은 대면으로 할 수 없는 이야기니까. 그런 말이라면 굳이 신경 쓸 필요가 없었다.

블라인드 속 소리 없는 글들이 누군가에게 상처가 되지 않기를 바란다. 물론 나 역시 반성한다. 누군가에게는 내가 잘못된 행동을 했을 수도 있다. 하지만 사과를 하고 싶어도 상대를 찾을 수 없으니 더욱 씁쓸하다.

다른 사람들의 평가에 흔들리지 않으려면 무엇보다도 나 자신에 대한 믿음이 중요하다. 때로는 부정적인 말들이 내 마음을 어지럽히지만, 결국 내가 어떤 사람이 되고 싶은가를 잊지 말아야 한다. 더불어 내가 어떤 노력과 시간을 들여 이 자리까지 왔는지 그 과정을 누구보다도 잘 아는 사람은 바로 나다. 그러므로 익명의 공격이나 근거 없는 비난에 나를 함부로 저평가할 필요가 없다. 오히려 이런 경험이 나를 더 단단하게 만들어준다. 지금까지의 경험상 그랬다.

반면, 타인의 시선에 지나치게 신경 쓰다 보면, 내 삶의 중심이 흔들릴 수 있다. 하지만 내가 누구인지, 무엇을 원하는지를 분명히 알고 있다면, 어떤 평가에도 흔들리지 않는다. 중요한 것은 타인의 말이 아니라, 나 스스로가 나를 어떻게 바라보느냐다.

어쩌면 우리는 모두 누군가의 편견이나 오해 속에서 살아가고 있을지도 모른다. 하지만 그 틀 안에 갇혀 살 필요는 없다. 대신 스스로를 정의하자. 이는 우리의 권리다. 남이 만들어놓은 이미지가 아닌 내가 만들어가는 내 모습이 진짜니까. 그러니 두려워하지 말자. 누군가가 나를 잘못된 시선으로 바라보더라도, 나는 내 길을 가면 된다. 나의 가치는 타인이 아닌 나 자신이 결정하는 거니까.

마지막으로 웃으며 공격하는 사람들에 대한 대처법을 공유해 본다.

① 감정적 거리 두기: 상대는 내 진실에 관심이 없을 수 있다. 공격적인 발언에 감정적으로 반응할 필요가 없다.

② 무시하기: 익명으로 공격하는 사람들은 대개 반응을 원한다. 무시해 버리자.

③ 신뢰할 수 있는 사람과 이야기하기: 친구나 동료에게 지지를 받으면 힘이 될 수 있다.

④ 긍정적 자기 대화하기: "나는 나 자신을 믿는다."와 같은 긍정적인 말로 자신감을 유지하자.

⑤ 사실 확인: 공격의 내용을 객관적으로 분석하여 자신을 성찰하고, 미래지향적으로 나가자.

당신은 '세상에서 유일한', '아무도 대신할 수 없는 특별한' 사람이다. 이 사실을 마음에 새겨두자. 또 그게 누구든 상처를 줄 자격도 없고, 상처를 받을 권리도 없다는 이치를 기억해 두고, 나 자신도 누군가에 상처를 주지 않도록 주의하자.

09_세월의 흔적이 남은 손편지의 위로

　퇴근 후, 우연히 서랍을 정리하다가 낡은 편지 한 장을 발견했다. 손끝에 닿는 바스락거리는 감촉, 잉크가 스며든 흔적, 세월이 남긴 누렇게 바랜 자국이 내 오감을 자극했다. 종이를 펼치자 삐뚤빼뚤한 글씨가 눈에 들어왔다.

　"안녕, 나야. 요즘 많이 힘들지? 그래도 괜찮아. 너는 잘하고 있어."

　순간 멈춰버린 시간이 마음속 깊이 스며들었다. 언제쯤 쓴 편지였을까? 한참을 들여다보며 기억을 더듬어 보았다. 그러다 문득, 그 편지를 쓸 당시의 내가 떠올랐다.

　어릴 적 나는 손편지를 자주 쓰고 좋아하던 아이였다. 편지는 나와의 대화이자, 내 마음을 표현하는 방법이었다. 길가의 빨간 우체통을 볼 때마다 설렜고, 수학여행이나 며칠 집을 떠나야 할 때면 가장 먼저 편지지를 챙겼다. 당연히 나는 여행지에서 편지를 썼고, 집으로 돌아와 내가 쓴 편지를 읽으며 미소 지었다.

어디 그뿐인가. 초등학생 때부터 친구들과 편지를 주고받았다. 한 자, 한 자, 우리들의 이야기를 꾹꾹 눌러썼고, 나만의 비밀을 담아 전하기도 했다. 그렇게 소중한 내용이 담긴 편지를 학교 수업이 끝나면 친구 몰래 책상 위에 올려두고 도망치듯 교실을 나섰다. 그때의 설렘과 긴장감도 아직도 선명하다.

고등학생 때는 진로에 대한 고민으로 답답할 때마다 내 마음을 편지에 풀어놓았다. 부모님께 쉽게 털어놓지 못했던 불안한 감정들, 친구들에게까지도 쉽게 말할 수 없던 고민들. 그럴 때마다 나는 내게 편지를 썼다. "지금은 막막해도 괜찮아. 네가 가는 길이 맞아."라고. 그리고 그때는 알지 못했다. 그 작은 위로의 문장이 훗날 더 큰 힘이 되어 나에게 돌아오리라는 사실을.

서두에 언급한 편지는 30년 전, 입사한 지 얼마 되지 않았을 무렵 나 자신에게 쓴 것이었다. 그 당시의 나는 지쳐 있었다. 직장 생활은 생각보다 훨씬 벅찼고, 실수는 반복되었으며, 아무리 노력해도 눈에 띄는 변화가 없었다. 출근길이 버거웠고, 퇴근길은 더 막막했다. 매일 선배들의 빠른 손놀림을 보며 '나는 언제쯤 저렇게 능숙해질까?' 하고 한숨을 내쉬었다. 작은 실수에도 얼굴이 빨개졌고, 보고서를 수정받을 때마다 내가 부족한 사람이라는 느낌에 위축되곤 했다.

그러던 어느 날, 밤늦게 사무실을 나서며 문득 어린 시절 썼던 손편지가 떠올랐다. 다시 나 자신에게 편지를 써보기로 하고, 펜을 들었다.

"안녕, 나야. 너 요즘 정말 고생 많지? 하지만 너무 걱정하지 마. 넌 네가 생각하는 것보다 훨씬 더 잘하고 있어."

몇 줄을 적어 내려가자 마음이 한결 가벼워졌다. 하루하루 쌓였던 감정들이 종이 위에서 하나씩 풀려나가는 느낌이었다. 그렇게 나는 내 마음을 다독이며 여러 장의 편지를 썼다. 그리고 그 안에 작은 희망을 담았다.

돌이켜보면 힘들지 않았던 때는 없었다. 그때도 힘들었고, 지금도 지칠 때가 있다. 살아간다는 건 늘 크고 작은 파도를 넘는 거니까. 하지만 다행인 건, 과거보다 현재 더 단단해졌다는 것이다. 그리고 편지를 쓰며 나에게 전했던 작은 위로가 나에게 힘이 되어 돌아오고 있음을 느낀다.

이것이 손편지가 가진 위로의 힘이다. 손편지는 단순한 종이가 아니라 시간 속에 고스란히 남겨둔 내 마음이었다. 세상은 빠르게 변하고, 많은 것이 사라져 가지만, 그때의 감정과 다짐만큼은 변하지 않고, 그대로 나를 기다리고 있었다.

이런 손편지가 디지털 시대가 되면서 점점 사라졌다. 한때는 삐삐의 보급화로 '8282(빨리빨리)', '1004(천사)'처럼 숫자로 상황과 마음을 전하기도 했고, 이제는 다양한 메신저 서비스와 SNS로 단 몇 초 만에 소통한다. 이로써 누군가의 메시지를 실시간으로 확인할 수 있고, 즉각적인 답장을 받을 수도 있다. 그러나 이렇게 빠른 소통 속에서도, 가끔 내가 전하고 싶은 마음이 온전히 전달되지 않는다는 느낌을 받는다.

이게 현실이다. 하루가 바쁘게 흘러갈수록, 점점 사람들은 말 대신 메시지로 감정을 주고받는다. 짧은 문장, 빠른 답장, 이모티콘 하나로 마음을 전하려 애쓴다. 그런데 나는 그보다 오래 머물러서, 천천히 스며드는 위로를 건네고 싶었다. 그래서 서툴지만 진심을 담고, 조심스럽지만 온기를 더해 전했다. 누군가의 지친 하루 끝에 작은 쉼표가 되었으면 하는 마음이었다. 그리고 그 편지가 결국 나를 위로하게 될 줄은 몰랐다. 내가 건넨 한마디가, 내가 적어 내려간 작은 문장이, 다시 돌아와 내게도 힘이 되어 줄 줄은.

하루는 누군가에게 전할 편지를 퇴근길에 읽어보았다. 그런데 다른 사람을 위로하려 적은 문장들이 오늘 하루를 버텨낸 나 자신에게 보내는 말처럼 느껴졌다.
"네가 나의 힘이 되어 주었어. 정말 고마워."
이 문장을 다시 읽으며, 나는 조용히 미소 지었다. 편지가 마음을 따라 흐르는 것임을 깨닫는 찰나였다. 그랬다. 모든 위로는 내 안에서 시작되어 다시 나에게로 돌아오는 것이었다.

그날 이후, 나는 더 자주 편지를 쓰기로 했다. 누군가를 위해, 그리고 지친 내 마음을 위해서. 갈수록 손편지와 멀어지는 시대가 되어가고 있지만, 그런 가운데서도 나는 종종 스스로에게 한 장의 편지를 남긴다.

"괜찮아, 넌 잘하고 있어."라고.

이 작은 문장이 다시 달릴 힘을 준다.

만일 힘든 하루를 보내고 있다면, 오늘 나에게 작은 편지 한 장을 써보면 어떨까? 시간이 지나 편지를 다시 보게 될 때, 나 자신에게 건 넨 위로가 '참 다행이다.'라고 느껴질 수도 있고, 세월을 넘어 지친 나를 다시 안아 줄 수도 있다. 한마디로 손해 보는 장사는 아닐 거란 얘기다. 그러니 짧게라도 나를 위한 몇 줄을 끄적여보길 바란다.

10_적절한 관계 유지하며 내 마음 지키기

퇴근길, 버스 창밖을 바라보다 문득 이런 생각이 들었다.

'나는 사람을 얼마나 알고 있을까?', '오랜 시간 함께한 가족, 직장 동료, 그리고 친구들. 가까이 있다고 해서, 오래 봐왔다고 해서, 그들의 속마음을 정말 이해하고 있는 걸까?'

어릴 적에는 사람의 관계가 단순하다고 믿었다. 나에게 잘해주는 사람은 좋은 사람이었고, 나를 힘들게 하는 사람은 나쁜 사람이라고 생각했다. 하지만 시간이 지나면서 깨달았다. 세상은 그렇게 단순하지 않다는 걸. 진심으로 다가갔음에도 멀어지는 사람이 있었고, 스쳐 지나간 인연이 어느 순간 삶의 한 부분이 되기도 했다. 노력한다고 해서 원하는 관계가 만들어지는 것도 아니었고, 무심했다고 해서 소중하지 않은 것도 아니었다. 가까워질 거라 믿었던 관계가 어느 순간 멈춰 서 있을 때가 있는가 하면, 업무적인 사이로만 여겼던 사람이 우연한 대화 속에서 따뜻한 공감을 건네며 마음을 열어주기도 했다. 이렇게 관계는 정해진 공식대로 움직이는 게 아니라 서로에게 남긴 흔적들로 만들어졌다.

이에 따라 사람의 마음을 이해하는 게 어렵게 다가왔다. 누군가는 다정한 미소를 지으며 속내를 감추고, 누군가는 무뚝뚝한 말투 속에 따뜻한 진심을 담고 있으니까. 그래도 그 간극이 낯설게 느껴졌던 예전보다 이제는 사람을 보이는 것만으로 정의할 수 없음을 인정하고 나니 조금은 편해졌다.

직장 동료 중에 늘 밝고, 유쾌한 사람이 있었다. 나는 그런 그를 보며 '저 사람은 인간관계로 힘들어할 일이 없겠지.'라고 생각했다. 그런데 어느 날, 술자리에서 그는 뜻밖의 이야기를 꺼냈다.

"사실 난 늘 조심스러워. 사람들에게 좋은 인상을 주고 싶어서 더 신경을 많이 써. 그런데 오히려 그게 나를 더 지치게 할 때도 있어."

어떻게 반응해야 할지 고민스러웠다. 자유롭게 관계를 맺는 것처럼 보였던 그가, 정작 자신의 자리에서는 조심스러운 발걸음을 내딛고 있었다는 게 놀라웠다. 겉으로 보이는 모습만으로 누군가를 단정 짓는 건 쉬웠지만, 그 속에 담긴 진심과 무게를 온전히 이해하는 일은 전혀 다른 문제였다.

나는 종종 상대방의 표정과 말투를 보며 그날의 분위기를 가늠하곤 한다. 예를 들면, '오늘 기분이 좋아 보이네. 무슨 좋은 일이라도 있었나?', '아무 말도 안 하네. 혹시 신경 쓰이는 일이 있나?'라고 생각하는 것이다. 그러나 상대의 감정을 내 시선에서만 해석하는 태도는 이따금 커다란 착각이 될 수도 있다. 기분이 좋아 보이는 이유가 내 영향이 아닐 수도 있고, 말이 없는 이유가 나와의 관계 때문이 아닐 수도 있는 거니까. 아침에 좋은 소식을 들어서일 수도 있고, 단순히 컨디션이 좋지 않아서일 수도 있다. 그런데도 나는 늘 상대의 감정을 '나와의 관계'라는 틀 안에서 해석하려 했다. 마치 상대의 모든 행동이 나와 연결되어 있다는 듯이. 하지만 감정의 흐름은 개인적인 것이고, 하루에도 여러 감정이 교차한다. 시선을 조금만 달리하면, 내가 고민했던 많은 순간이 나와 무관했음을 알게 된다. 상대의 기분이 좋지 않다고 해서 반드시 나와 관련된 일이 아니었고, 나에게 서운함을 표현하지 않는다고 해서 상처받지 않은 것도 아니었으므로.

이런 깨달음은 J라는 친구를 통해 더욱 명확해졌다.

그녀는 직장 내 인간관계에서 오는 스트레스로 괴로워하다 정신건강의학과 상담을 받기로 결심했다. 상사와의 관계에서 끊임없이 오해가 쌓였고, 동료들과의 거리 조절도 쉽지 않아, 마음이 점점 지쳐갔다. 어렵게 상담실을 찾은 J에게 의사는 따뜻한 눈빛으로 조용히 물었다고 한다.

"무엇이 힘들어요?"

그제야 J는 조심스럽게 입을 열고, 직장 내 관계에서 받은 상처를 털어놓았다고 했다. 이야기를 이어가던 중, 북받친 감정에 결국 눈물이 맺혔단다. 그런데 의사의 대답이 뜻밖이었다. 위로나 해결책을 내어주는 게 아니라 "어쩌겠어요. 사람은 쉽게 안 바뀌는데."

그 말을 듣는 순간 J는 꽤 당혹스러웠다고 한다. 위로를 기대했던 마음에 현실이 더 무겁게 다가온 것이다. 상담을 마친 후에도 머릿속을 떠나지 않은 질문은 이것이었다. '왜 상처받은 나는 이렇게 아픈데, 정작 그 사람은 아무 일 없다는 듯 살아갈까?'라는 물음이 떠나지 않았으니까.

　그러나 우리 모두는 타인의 감정을 완전히 알 길이 없다. 어쩌면 상처를 준 사람도 죄책감을 느끼고 있을지도 모른다. 어쩌면 아무렇지도 않은 척하는 것일 수도 있다. 대신 잊지 말아야 할 부분은 상대방을 깊이 이해하려 애쓰는 만큼 나 자신도 그 관계 속에서 지칠 수 있다는 점이다. 그래서 나는 이제부터라도 억지로 다가가기보다 흐름을 따라가려 한다. 스스로를 너무 힘들게 만들지 않기 위해서. 그러면 내 곁의 인연을 더 소중히 여기고, 떠난 인연을 지나간 계절처럼 담담히 바라볼 수 있지 않을까?

　다시 말하지만, 누구의 마음도 끝까지 다 이해되는 일은 드물다. 그러니 적절한 거리에서 바라보며 필요한 관계를 유지하고, 스스로를 잃지 않는 데 집중하자. 물론, 나도 여전히 완벽한 관계를 맺지는 못한다. 때로는 오해하고, 때로는 상처받으며, 때로는 거리감을 두고 싶을 때도 있다. 하지만 상대방의 입장에서 생각하려고 노력하는 법, 진심으로 이야기를 들어주는 법, 그리고 나 자신도 가끔은 솔직해지는 법을 알고 있어서 다행이다 싶다. 그렇게 나는 관계를 배워가고 있다. 덕분에 타인의 심연에 머무는 시간이 점점 짧아지고 있다. 이게 내가 내 마음을 지키는 비결이다. 그리고 그게 내가 배운 가장 중요한 관계의 기술이다. 누군가를 이해하려 애쓰되, 나 자신을 잃지 않는 것. 그 균형을 찾아가는 과정이, 어쩌면 우리가 평생 배워야 할 일인지도 모른다.

11_힘들 때 위로가 되는 단 한 사람, 엄마

내 고향은 시골의 작은 골짜기다. 그리고 나는 아홉 살 무렵 도시로 이사를 왔다. 그때부터 엄마는 맞벌이를 시작했다. 20년 넘게 직장 생활을 하면서도 결근 한번 없던 엄마. 그런 엄마를 떠올리면 문득 궁금해진다. 엄마도 지금의 나처럼 힘들지는 않았을까? 엄마의 발자취를 따라가는 지금, 내 딸도 언젠가 나를 보며 같은 생각을 하지 않을까?

엄마는 빨래를 삶는 게 취미였다. 명절이나 특별한 날에만 새 옷을 사주던 시절, 나는 매일 같은 옷을 입고 학교에 가는 게 싫었다. '내일은 다른 옷을 입어야지.' 다짐했지만, 어느새 오늘 입었던 옷이 빨랫줄에 걸려 바람을 타고 있었다. 그걸 보고 속상해서 울었던 기억이 난다. 하지만 지금 생각해 보면 엄마는 그저 깨끗한 옷을 입혀주고 싶었던 게 아닐까 한다.

"삶아야 개운하지."
이런 엄마의 말을 나는 빨래를 삶아보기 전까지 이해하지 못했다.

예쁜 그릇보다, 고운 이불보다 엄마는 빨래 삶는 솥을 먼저 챙겨 주셨다. 시간이 흘러 나도 빨래를 삶아보니, 깨끗하고 보송보송한 그 개운함이 너무 좋다. 엄마도 빨래를 하면서 그 개운함으로 위안을 얻었을까? 뮤지컬 〈빨래〉의 가사처럼 말이다.

빨래가 바람에 제 몸을 맡기는 것처럼,
인생도 바람에 맡기는 거야.
시간이 흘러 흘러 빨래가 마르는 것처럼
슬픈 네 눈물도 마를 거야.

그러고 보니 나의 가장 가까이에 천사가 있었다. 살면서 한 번도 아프다고 누워본 적이 없고, 무언가를 갖고 싶어 한 적도 없는 사람. 말을 아끼고, 듣기를 잘하며, 타인에게 상처를 주지 않는 사람. 그게 엄마였다. 그런데 그런 엄마에게도 큰 슬픔이 있었다. 30년 전, 갑작스러운 뇌출혈로 사랑하는 아들을 떠나보낸 것이다. 이별을 준비할 시간도 없이 떠나버린 오빠. 보름달이 뜰 때면 오빠의 얼굴이 함께 떠오른다. "너, 잘살고 있지?"

하늘에서 오빠의 목소리가 들려오는 것 같다. 오빠와 나는 첫째와 막내 사이로 한없이 가까웠기에 더 애틋한지도 모르겠다. 내 마음도 이런데 엄마는 오죽했을까.

한번은 엄마가 문득 이런 말을 했다.

"저 잡초들은 뽑아도 뽑아도 다시 살아나는데, 너희 오빠는 돌아오지 않네.”

　베란다에서 화분을 돌보며 툭 던진 한마디였다. 순간 나는 아무 말도 할 수 없었다. 그렇게 한참을 망설이다가 용기 내서 말했다.

　“엄마, 우리는 타인의 기쁨에는 공감하지 못할 수도 있지만, 누군가의 슬픔엔 더 깊이 슬퍼할 수 있지 않을까?”

　정말 그랬다. 누군가 가족을 떠나보낸 슬픔을 마주할 때면, 그 아픔이 깊이 와닿았다. 직장에서도, 삶에서도, 우리 가족은 그렇게 서로의 슬픔을 헤아리며 살아가고 있었다.

　엄마 이야기를 하다 보니 거칠었던 엄마 손이 갑자기 그리워진다. 배가 아플 때마다 “내 손은 약손이다.”라며 내 배를 쓰다듬었던 그 손. 그리고 신기하게도 엄마의 싫었던 모습을 묘하게 닮아가고 있다. 빨래를 삶으며 개운함을 느끼고, 텃밭에 씨앗을 심고 나면 비가 오지 않아 걱정하는 나를 발견하면서 느낀다. 엄마를 이해할 수 없던 그때와는 달리, 엄마의 삶을 천천히 따라가고 있는 나다.

　나는 《호박 달빛》을 쓴 미국 동화 작가 타샤 튜더를 좋아하는데, 엄마의 인생이 그녀의 삶과 닮아있는 듯하다. 단순하지만 풍요롭고, 욕심 없이 가족을 위하는 그런 일상을 지내온 엄마다. 내가 “엄마, 필요한 거 있어?”라고 물어도 매번 “없다. 필요한 게 뭐 있나? 쌀만 있으면 되지.”라고 하니까. 엄마에게 필요한 건 정말 그것뿐이었다. 그런 엄마를 보면서 나는 곰곰이 생각에 빠진다. 우리에게 정말 필요한 게 무엇일까? 단순한 삶 속에서 진짜 풍요를 찾을 수 있을까?

나는 그렇게 욕심 없이 성실하기만 했던 엄마에게서 많은 걸 배웠다. 무언가 대단한 일을 해서가 아니라 현재에 만족하면서 사는 게 행복이란 걸 말이다. 그래서인지 나는 힘들 때마다 엄마를 떠올리게 된다. 엄마라는 이름만으로도 버티는 힘이 생기니까. 그리고 나도 누군가에게 그런 존재가 되길 희망한다.

12_빗속에서도 춤추며 나아갈 용기

"인생이란 폭풍이 지나가기를 기다리는 게 아니라 빗속에서 춤추는 법을 배우는 것이다."

이 말은 미국의 작가이자 동기부여 연설가인 비비안 그린이 남긴 문장이다. 그리고 이 한마디는 오랜 직장 생활 속에서 내게 깊은 위로와 용기를 건네주었다.

사실 처음엔 그냥 멋진 문장이라 여겼다. 그러나 시간이 흐르고, 많은 사람을 만나면서 내 삶을 관통하는 메시지가 되었다. 나는 현재도 보건관리자로 일하며, 근로자들의 건강을 지키기 위해 애쓰고 있다. 그런데 이런 나의 노력에도 예상치 못한 이별을 마주하곤 한다. 아침마다 인사를 건네고, 점심시간에는 사소한 농담을 나누며 웃고, 가끔은 깊은 고민을 털어놓고 서로를 위로했던 이들이 떠나는 것이다. 그럴 때마다 내 마음은 속상하다 못해 쓰리다. 사이가 가까우면 가까울수록 그 여운은 더 길게 남는다. 하루의 절반 이상을 보내며, 서로의 삶에 영향을 주고받는 존재들이라 빈자리가 크게 다가오는 탓이다.

이에 예전에는 누군가 건강이 악화되거나 회사를 떠나게 되면 나 자신을 책망했다. "조금 더 강하게 이야기할걸.", "좀 더 자주 건강검진을 권유했어야 했는데." 하면서 말이다. 특히 떠오르는 한 사람이 있다.

몇 년 전, 암 치료를 마치고 복직한 직원이었다. 그는 밝은 모습으로 돌아왔지만, 점점 기운을 잃어갔다. 피로를 호소했고, 건강 수치도 나빠졌다. 나는 조심스럽게 말했다.

"지금은 쉬는 게 더 중요합니다. 무리하지 않으셔야 해요."

하지만 그는 웃으며 고개를 저었다.

"조금만 더 버텨볼게요. 아직은 괜찮아요."

그 뒤로 몇 번이고 권유했지만, 그는 끝내 일을 내려놓지 못했다. 단순한 업무 때문이 아니었다. 가정을 책임지는 가장이었고, 동료들에게 신뢰받는 선배였으며, 자신의 커리어를 지켜야 한다는 책임감이 그를 붙들었다.

그런 그를 걱정하는 나에게 한 선배가 말했다.

"아무리 좋은 말도 본인이 와닿지 않으면 소용없어. 너무 안달 나지 않아도 돼."

그 말을 듣고 한참을 생각했다. 나는 보건관리자로서 직원들의 건강을 위해 최선을 다했지만, 결국 선택은 각자의 몫이었다. 누군가는 내 말을 받아들였고, 누군가는 듣지 않았다. 즉, 본인의 건강은 본인이 챙겨야 하는 영역이었다. 그런데도 나는 근로자의 건강을 지키는 일이 내 노력에 달려 있다고 생각하고, 건강을 지키지 못해 힘들어하는 이

들을 보면서 좌절했다. 다시 말해, 내가 얼마나 강하게 얘기했느냐, 하지 못했느냐는 중요한 게 아니었다. 다만, 그들이 스스로 올바른 선택을 할 수 있도록 돕기만 하면 되는 거였다.

이를 깨달은 뒤로 나는 접근 방식을 바꿨다. 단순한 건강 지침이 아니라 일상적인 대화 속에서 건강의 중요성을 자연스럽게 녹였다.

"아침에 물 한 잔 마시면 혈압 조절에 좋아요.", "커피도 좋지만 물 한 잔도 챙겨보세요.", "요즘 스트레스가 많죠? 가끔 심호흡하면서 한숨 쉬는 것도 도움이 돼요."

이렇게 가볍게 다가가니 직원들의 반응도 달라졌다. 매년 건강검진을 미루던 직원이 먼저 예약을 잡았고, 아침마다 커피만 마시던 동료가 물을 챙겨 마시기 시작했다. 그리고 어느 날, 한 직원이 조용히 다가와 말했다.

"저 약 먹기 시작했어요. 매번 보내주는 메일을 읽다 보니까 '이제는 챙겨야겠다.' 싶더라고요. 고마워요."

그 말을 듣는 순간, 뭉클했다. 또 '내가 하는 일이 결코 작은 게 아니구나.', '한 사람의 건강을 위한 작은 조언이 누군가의 삶을 바꿀 수도 있는 일이구나.'와 같은 확신이 들었다.

그러던 어느 날, 운동을 하려고 집을 나섰는데 비가 오기 시작했다. 그래서 "오늘은 쉬어야겠다. 좋은 핑곗거리가 생겼군."이라고 했더니 남편이 말했다.

"어차피 뛰는 것도 아닌데, 우산 쓰고 걸으면 되잖아?"

그 순간, 내 안에서 생각의 스위치가 바뀌어 우산을 들고 나갔다. 하기 싫은 일에서 하고 싶은 일이 된 것이다.

건강을 지키는 일도 마찬가지다. 직원들이 변하지 않는다고 속상해할 게 아니라 어떻게 하면 그들에게 자연스럽게 스며들게 할 수 있을지를 고민해야 한다. 비 오는 날 내가 그랬듯 하기 싫은 일 앞에서는 핑곗거리가 먼저 떠오르고, 하고 싶은 일 앞에서는 해야 할 이유를 찾게 되니까. 이런 사고의 전환이 나를 직장에서도 빗속에서 춤을 추게 해주었다. 그렇다고 해서 변화가 바로 나타나는 건 아니다. 아무리 애써도 달라지는 게 없어 보인다. 그러면 내가 하고 있는 일에 회의감이 든다. 그래도 멈추면 안 된다. 변화는 눈에 보이지 않는 작은 움직임 속에서 시작되니까. 그 속에서 춤추며 나아가는 법을 배워야 한다.

이제 나는 내가 할 수 있는 최선을 다하되, 그것이 전부가 아니라는 걸 받아들이기로 했다. 그리고 그 과정에서 나 역시 성장하고 있음을 느낀다. 그래서 비 오는 날 우산을 쓰고 걷는 것처럼 우리 모두 직장에서도, 인생에서도, 빗속에서 춤을 출 줄 아는 용기를 내보길 권한다. 내가 직접 해보니 생각했던 것보다 어렵지 않은 일이었다.

3장 인생의 꽃이 된 30년— 꿈꾸며 도전하는 단단한 나무

01_나를 더 영글게 만들어주는 도전

19세기 최고의 시인 헨리 워즈워스 롱펠로. 그는 두 번이나 깊은 상실을 겪었다. 첫 아내를 병으로, 두 번째 아내를 불의의 사고로 떠나보냈다. 그런 고난 속에서도 그는 수많은 아름다운 시를 남겼다. 그에 대해 전해지는 한 일화가 있다. 어떤 이가 롱펠로에게 물었다고 한다.

"선생님은 어떻게 그런 고난 속에서도 시를 쓰실 수 있었나요?"

그는 정원의 사과나무를 가리키며 이렇게 답했다고 전해진다.

"저 나무는 해마다 새 가지를 뻗고, 꽃을 피우고, 열매를 맺습니다. 나도 그렇게 살아왔습니다."

이 이야기를 들을 때마다 한 가지 질문이 떠오른다.

"나는 지금 새 가지를 뻗고 있는가?"

살아간다는 것은 끊임없이 변하고 배우고 성장하는 과정이다. 하지만 우리는 종종 변화를 망설인다. '너무 늦은 건 아닐까?' 그 한마디가, 우리를 한 걸음도 떼지 못하게 만든다. 그러나 나무는 시간을 따지지 않는다. 오직 지금 이 순간에도 뻗어나갈 수 있는 가지를 키울 뿐이다.

나 역시 돌아보면 늘 새로운 도전을 하며 살아왔다. 그러나 어린 시절에는 그러질 못했다. 피아노 학원 앞에서 친구를 기다리던 기억이 있다. 피아노 소리가 들릴 때마다 묘한 감정이 들었다.

'나도 배우고 싶다.'

그러나 그 말을 입 밖으로 꺼내지 못했다. 너무 어렸고, 방법을 몰랐으며, 무엇보다 용기가 없었다.

어린 날의 내가 그랬듯 우리는 살면서 기회 앞에서 주저한다. '난 원래 그런 걸 못해.'라는 생각이 도전을 가로막는 것이다. 그런데 도전의 시작은 거창한 결심이 아니라, 아주 작은 한 걸음일지도 모른다. 그래서 뒤늦게 피아노를 배우기 시작했다. 처음에는 손가락이 굳어 제대로 움직이지도 않았지만, 그 과정이 기뻤다. 하고 싶던 것을 해냈다는 성취감은 새롭고도 묘한 감정을 남겼다.

이 작은 성취감이 내 안의 문을 하나씩 열기 시작했다. 간호학과를 졸업했지만, 국문학과와 유아교육에 대한 미련을 쉽게 놓을 수 없었다. 결국 방송통신대학교에서 국문학을 공부했고, 다시 유아교육학과에도 입학했다. 배움의 길 위에서 나는 계속해서 내 안의 가능성을 발견했다.

'이것도 할 수 있구나.' '저것도 배울 수 있구나.'

그런 자신감이 조금씩 자라났다. 그리고 그것이 끝이 아니었다. 사회복지학을 공부하면서 사람의 마음에 대한 관심도 깊어졌다. 그 관심은 행동을 이해하고 변화시키는 학문으로 이어졌다.

NLP(Neuro Linguistic Programming), 교류 분석, 명리학 등 인간의 사고방식과 행동을 탐구하는 분야로도 시선을 넓혔다.

그렇게 나는 20대 후반, 아이가 태어난 지 2주 만에 야간 대학원에 다녔다. 물론 직장과 육아를 병행하며 공부하는 건 쉽지 않았지만, 그 과정이 힘들기보다 즐거웠다. 이런 내게 사람들이 물었다.

"그렇게 많은 걸 배워서 어디에 쓰려고 하나요?"

그럼 나는 "어디에 쓰려고 배우는 게 아니라 배우는 과정에서 더 행복한 내가 됩니다."라고 답했다.

배움이란, 단순히 기술을 익히는 게 아니다. 배우면서 우리는 세상을 새롭게 바라보는 시각을 얻고, 나 자신을 더 깊이 이해하게 된다. 그리고 도전의 과정에서 나에게 중요하게 다가온 키워드는 '끈기'였다. 이와 관련해 미국 심리학자 앤절라 더크워스는 이렇게 말했다.

"재능이나 환경을 뛰어넘어 성공을 결정짓는 가장 중요한 요소는 끈기다."

이 말에 공감을 하며 마음에 새기고 있는데, 내 생일에 놀라운 선물을 받았다. 케이크 위에 '열정, 끈기의 여왕'이라는 문구가 적혀 있었던 것이다.

한편, 우리 모두에게는 각자의 시계가 있다. 그런데 그 시곗바늘의 속도는 모두 다르다. 누군가는 빠르게 목표를 이루지만, 누군가는 천천히 나아간다. 속도보다 중요한 것은 결국 멈추지 않는 것이다. 시간이 걸리는 데는 이유가 있다. 여행 중에 이를 체감한 경험이 있다. 거리에서 캐리커처를 그려주는 화가를 보고, 그에게 나를 그려달라고 부탁했다. 그랬더니 그는 내 얼굴을 몇 초간 바라보고는 빠른 손놀림으로 그림을 그리기 시작했다. 짧은 시간 안에 특징을 정확히 살려낸 그림을 보고 나는 감탄하며 말했다.

"와, 이렇게 빠르게 멋진 그림을 그리시다니 정말 대단하세요!"

그러자 그 화가는 미소를 지으며 답했다.

"이 그림을 그릴 수 있기까지 몇십 년이 걸렸습니다."

그 한마디에 나의 도전으로 이룬 성과 역시 하루아침에 이루어진 게 아님을 깨달았다.

누군가는 "늦었다고 생각될 때가 진짜 늦었다."라고 한다. 그럼 '이미 늦었으니 포기해야 하는 걸까?'라는 생각이 든다. 하지만 겁먹을 필요 없다. 지금껏 수많은 도전을 해본 결과, 해보고 싶은 마음이 들었을 때가 가장 빠른 시기였다. 여러 자기계발서에서도 같은 메시지를 전한다. 누군가는 일찍 시작해 성공하지만, 남들이 늦었다고 말할 때 도전해 꿈을 이룬 사람도 많다.

나 역시 그런 경험이 있다. 배움은 내게 이직을 위한 준비가 아니라 평생 도전 과제였다. 그리고 그 과정에서 느끼는 호기심과 흥미가 내 삶을 더욱 풍요롭게 만들었다. 애나 메리 로버트슨 모지스가 쓴 《인생에서 너무 늦은 때란 없습니다》의 "나는 행복했고 만족했으며, 이보다 더 좋은 삶을 알지 못합니다. 삶이 내게 준 것들로 최고의 삶을 만들었어요. 결국, 삶이란 우리 스스로 만드는 것이니까요."라는 문장처럼 새로운 도전을 통해 나는 나의 한계를 넘어설 기회를 찾고, 그 과정에서 나를 더욱 깊이 이해하게 되었다. 무엇보다 그 도전들을 하지 않았다면, 지금의 나는 없었을 것이다.

인생은 예측할 수 없는 순간으로 가득 차 있기에 도전은 우리에게 늘 희망을 선사한다. 어떤 일이든 시작이 중요하며, 그 시작이 늦다고 해서 의미가 줄어들지는 않는다. 지금 이 순간, 무언가를 시작하기에 앞서 망설이고 있는 자신을 발견한다면 이때가 가장 적절한 시점이라고 말해주고 싶다. 그 도전을 선택하는 데 도움이 될까 하여 내가 도전을 멈추지 않는 이유를 공유한다. 단순하다. 더 많은 사람과 더 많은 것을 나누고 싶어서다. 나의 경험과 배움이 누군가에게 작은 희망이 되고, 또 다른 도전으로 이어지기를 바란다. 따라서 나는 앞으로도 계속 걸어 나가려 한다. 도전의 끝에는 언제나 더 깊은 이해와 따뜻한 연결이 기다리고 있으니까.

02_내가 버킷리스트를 지우는 이유

제목을 보자마자 머릿속이 바빠진 책이 있다. 바로 《죽기 전에 꼭 해야 할 101가지》.

'정말 이만큼 해야 할 일이 많을까?'라는 생각이 절로 들었다. 또 사람 마음이 참 묘하다 싶었다. 죽기 전에 해야 한다는 말만 들어도 괜히 조급해지고, 그것을 이루기 위해 당장 계획을 세워야 할 것만 같으니까.

아무튼 나는 호기심에 그 책을 펼쳐보았다. 순식간에 온갖 목표가 떠올랐다. 어릴 적 꿈꾸었던 세계여행, 요즘 가장 흥미를 느끼고 있는 글쓰기, 한 번쯤 도전해 보고 싶은 마라톤 완주까지. 거침없이 그 항목들을 쭉 써 내려갔다. 그런데 이상했다. 그 책에서 이야기하는 목표는 101가지나 되는데, 내가 적을 수 있는 건 고작 18개였다.

처음엔 내 상상력이 부족한 걸까 싶었다. 하지만 나는 이미 하고 싶은 일을 그때그때 실행하며 살아왔다는 걸 깨달았다. '언젠가 해야지.'라는 생각보다 '지금 하자.'는 자세로 움직였다. 그리고 그것이 습관처럼 반복되어 왔음을 알게 되었다. 특별한 목표를 세우지 않았음에도 삶의 많은 부분이 이미 계획을 넘어 현실이 되어 있었다.

우리는 이렇게 인생에서 꼭 이루고 싶은 목록을 '버킷리스트'라 부른다. 단순한 소원이 아니라 구체적이면서도 실현 가능한 목표들을 의미한다. 한때는 나도 내 인생을 버킷리스트로 정리할 수 있으리라 믿었다. 그러나 지나고 보니 나는 버킷리스트를 만들 필요조차 없었다. 그 사실을 버킷리스트를 지우면서 알았다. 목표란, 단순한 계획이 아니라 경험이 쌓여야 달성할 수 있는 대상이기에 나는 굳이 버킷리스트라고 명명하지 않아도 되는 사람이었다. 만일 운동으로 건강을 챙기기로 마음을 먹었다면, 일상에서 계단 오르기를 하고 운동화를 신고 걷는다. 한마디로 나는 따로 설정하지 않아도 목표를 이루고 있었다.

직장에서도 마찬가지였다. 달성해야 할 성과 지표(KPI)가 주어졌지만, 그 모든 과제는 나에게 목표로 남아 있지 않았다. 새로운 프로젝트를 맡는 일도, 회사에서 요구하는 자격증을 준비하는 일도, 그저 내 일상이 되었다. 그리고 시간의 흐름에 따라 하나씩 완성해 나갔다.

그렇다고 버킷리스트가 완전히 의미 없는 것은 아니다. 그것을 작성하는 과정에서 '내가 진정으로 원하는 것은 무엇인가?'를 돌아보게 해주었으니까. 내 인생의 그림을 그려보게 하고, 어느 방향으로 나아갈지 생각하게 했다. 하지만 그 그림이 반드시 완성될 필요는 없었다.

그래서 나는 더 이상 그 목록을 들여다보지 않게 되었다. 대신, 일상에서 자연스럽게 업데이트해 나갔다.

코로나19로 여행이 어려웠던 시기, 한 후배가 겪은 일이 있다.

"이런 시국에 여행을 간다고? 위험하지 않겠어?"

주변의 만류에도 불구하고 후배는 부모님과의 여행을 강행했다. 안타깝게도 후배는 당시 건강했던 아버지와 갑작스러운 이별을 하고 만다. 코로나19 합병증으로 생을 마감한 것이다. 그렇게 그 여행은 아버지와의 마지막 여행이 되었다. 그래도 그녀는 애틋한 미소를 지으며 말했다.

"처음엔 고민이 많았어요. 정말 가도 될까? 부모님도 망설이셨고, 저도 걱정이 됐죠. 하지만 기회는 다시 오지 않을 것 같았어요. 그래서 떠났죠. 그 며칠 동안 아버지와 깊은 대화도 나누고, 추억도 많이 만들었어요. 평소에는 하지 못했던 이야기와 오랫동안 묵혀 두었던 감정들, 그리고 미처 하지 못했던 고마움과 사랑을 전할 수도 있었고요. 덕분에 '부모님과 여행 가기'라는 버킷리스트도 지웠네요. 다행이죠. 못 지웠다면 평생 후회했을 테니까요."

그녀는 아버지와의 마지막 순간을 함께 보낸 데에 대한 안도감을 느끼고 있었다. 그런 그녀를 보며 '나중에'라는 말이 얼마나 위험한 것인지 깨달았다. 인생에서 정말 중요한 일은 언제나 '지금' 해야 한다는 것도.

버킷리스트에 적어두고 지운 목록이 몇 개나 될까? 아니, 애초에 적어두기만 하고 실행하지 못한 항목은 얼마나 많을까? 기억하자. 인생에서 중요한 일들은 적어두는 것만으로는 충분하지 않다. 그것들은 언제든 실행할 준비가 되어 있을 때 비로소 의미를 갖는다.

나는 버킷리스트를 비우며 진짜 원하는 것이 무엇인지 깨달았다. 목표를 이루지 못했다고 해서 실패한 것은 아니다. 계획대로 살지 않아도, 삶은 흘러가며 스스로 의미를 찾아간다. 이렇게 말하는 나 역시 미완성이 불안했다. 목표를 이루지 못하면 실패한 인생처럼 느껴졌다. 그러다가 인지했다. 삶은 100% 채워야 하는 목표가 아니라, 흘러가는 과정임을.

사람들은 해야 할 일을 채워 넣으면서 삶을 풍요롭게 만든다고 생각하지만, 사실 우리는 리스트를 비워낼 때 더 자유로워진다. 목표를 설정하는 데 주목하는 게 아니라 불필요한 부분을 덜어내며 진짜 중요한 요소만 남기는 것. 그것이야말로 삶의 본질에 더 집중하는 과정이 아닐까?

물론, 목표가 사라지면 낯선 기분을 준다. 나 또한 과거에는 미래를 설계하며 설레었고, 그 덕분에 더 열심히 살고 있다는 느낌도 받았다. 하지만 그 설렘이 점점 의무감으로 변해갔다. '이것도 해야 하고, 저것도 해야 한다.'는 압박감이 오히려 삶을 더 무겁게 만들었다. 그래서 그 무게를 내려놓기로 했다. 그러자 삶이 허전해지기는커녕, 오히려 더 풍요로워졌다. 그렇게 나는 단순히 목표를 버리기보다 목표에 얽매이지 않는 삶을 선택했다. 버킷리스트를 없앤 게 아니라 지금 이 순간을 더 충실히 살아가는 길로 가기로 한 것이다.

내 버킷리스트는 삭제 중이다. 하지만 그 빈자리에는 훨씬 더 가치 있는 대상들이 채워지고 있다. 매일의 소중함, 지금 이 순간의 행복, 그리고 그 속에서 발견하는 작은 기쁨들. 이에 따라 내 삶의 진정한 의미가 보인다. 그래서일까? 하루하루가 소중하다. 일상의 작은 순간도 감사하다. 따뜻한 햇살 아래 마시는 커피 한잔, 바쁜 일상에서 문득 찾아오는 여유, 소중한 사람들과 나누는 짧은 대화가 참 의미 있게 다가온다. 말 그대로 오늘을 온전히 누리고 있다.

애써 목표에 얽매일 필요는 없다. 다만 매 순간 충실히 한다면 그것만으로도 충분하지 않을까? 당신도 조금은 그 짐을 내려놓았으면 한다.

03_잠시 쉬어갈 그늘의 존재

스트레스가 가득한 날, 우연히 본 작은 강아지가 마음을 녹였던 적이 있는가? 사실, 귀여운 것을 보고 기분이 좋아지는 건 단순한 감정의 변화가 아니다. 2012년, 일본 히로시마 대학 연구진은 귀여운 동물을 보면 집중력이 향상되고, 긍정적인 감정이 증가한다는 연구 결과를 발표했다. 또한, 귀여운 것을 바라보는 것만으로도 행복 호르몬인 옥시토신 분비가 늘어나 긴장과 불안을 줄여 준다고 한다.

한때 팬더 '푸바오'의 인기가 뜨거웠다. 푸바오의 영상과 사진을 보면 절로 미소가 지어졌다. 불면증이나 우울감에 힘들어하던 사람들이 푸바오를 보며 위로를 얻었고, 어떤 이들은 일주일에 몇 번씩 만나러 갈 정도였다. 도대체 그 매력이 무엇이었을까? 아마도 우리는 작고 순수한 존재를 보며 무해하다고 느끼며, 자연스럽게 마음을 놓게 되는지도 모른다. 푸바오의 천진난만한 모습은 그 자체로 따뜻한 쉼이 되었다.

한여름, 뜨거운 햇볕 아래를 걷다가 문득 발견한 나무 그늘이 반갑게 느껴지듯이, 우리도 살아가며 크고 작은 그늘을 찾게 된다. 평소에는 인식하지 못하지만, 힘들고 지치면 비로소 그 존재의 소중함을 깨닫는다. 그리고 그늘이 되어 주는 사람들 덕분에 우리는 다시 일어선다.

처음 이 책을 구상하며 친구에게 가제목 《오늘도 누군가의 나무가 되었습니다》를 들려주니 친구는 이렇게 말했다.

"누군가의 나무가 되기보다는, 난 그냥 그늘에서 좀 쉬고 싶어."

그 말에 깊이 공감했다. 실제로 자신을 돌볼 여유가 있어야 타인을 돌볼 힘도 가질 수 있다. 충분히 쉬어 본 사람만이 언젠가 또 다른 누군가에게 그늘이 되어 줄 수 있는 법이다. 지친 몸과 마음을 회복한 사람만이 더 깊이 공감하고, 따뜻한 손을 내밀 수 있다.

신입 시절, 기안문과 보고서를 작성할 때마다 지적을 받았다. 문장을 하나 고치는 데도 시간이 오래 걸렸고, 제출한 서류에는 빨간 수정 표시가 빼곡했다. 최선을 다했음에도 결과는 늘 아쉬웠다. 보고서를 받은 상사의 미간이 찌푸려지는 걸 목격하면 심장이 철렁 내려앉았고, '또 틀렸구나.' 하며 자책했다. 서류를 넘겨받을 때 "이건 왜 이렇게 썼어요?"라는 질문을 받으면 긴장이 되어 온몸이 굳었다. 당연히 지금도 모든 걸 완벽하게 해내지 못한다. 여전히 실수로 잘못된 내용을 전달하기도 하고, 놓치는 부분이 있다. 다만, 예전과 달라진 점이 있다면, 실수하는 나를 대하는 마음이다.

한번은 부족한 보고서 때문에 낙담하고 있을 때였다. 조용히 옆에서 지켜보던 선배가 말했다.

"틀린 거 다시 하면 돼요. 다들 그렇게 배운 거예요."

그 말이 특별한 조언은 아니었지만, 신기하게도 마음이 편안해졌다. 실수 하나로 끝나는 게 아니라 거기서 배우는 과정이 있다는 걸 조금은 이해하게 되었다.

"괜찮아. 다시 하면 돼."

그 짧은 한마디가 지금까지 마음에 남아 나를 위로해 준다.

한편, 《신경 끄기의 기술》의 저자 마크 맨슨은 한 영상에서 이렇게 말했다. 한국 사회는 짧은 시간 안에 빠르게 성장했고, 그만큼 높은 경쟁과 압박을 받게 되었다고. 그래서 많은 사람들이 불안과 우울 속에 살아간다고 했다. 모든 걸 잘해야 한다는 강박, 정말 그런 시대를 우리는 살아내고 있다. 그런데 조금은 그 강박을 내려놓아도 된다. 당장 눈에 띄지 않더라도 사소하게 지나친 순간들이 오히려 더 오래, 더 깊이 기억으로 남을 수도 있으니까.

물론, 나도 업무 마감 시간이 다가오고, 책상 위의 흐트러진 서류를 보면서 '이걸 다 끝낼 수 있을까?'라는 생각을 하지 않는 건 아니다. 이때 누군가 아무 말 없이 커피 한잔을 건네면, "잠시 쉬어가."라고 말하는 것만 같다. 마치 한여름 뙤약볕 아래 있다가 아름드리나무 그늘로 들어간 기분이다.

위로란 이런 게 아닐까? 거창하게 무언가를 해주기보다는 그저 조용히 곁을 지켜주거나 자리를 내어주는 것만으로도 누군가에게 충분한 쉼을 선물해 줄 수 있다. 그리고 이와 같은 달콤한 그늘은 멀리 있는 게 아니라 아주 가까이에 있음을 느낀다. "언젠가는 더 멋진 곳에 있을 거야.", "더 성장할 거고, 더 멋진 곳에 서게 될 거야."라며 나를 다독여주고, 응원해 준 이들이 언제나 내 주변에 있었기에 확신한다.

특히, 내게는 아버지가 그런 존재였다. 몇 해 전에 돌아가셨지만, 아버지는 내 삶의 든든한 느티나무였다. 말수가 많지는 않았지만, 언제나 묵묵히 나를 격려하고 지켜봐 주었다. 또 내가 무엇을 하고 싶다고 하면 "안 된다."라는 말보다 "해봐라."라고 할 때가 더 많았다. 나에 대한 기대라기보다는 내가 원하는 길을 걸어가길 바라는 마음이 컸던 듯하다. 하지만 아버지 살아생전에는 알지 못했다. 아마도 공기처럼 익숙해서 당연하다고 여긴 탓이리라. 그래도 아버지가 남긴 따뜻한 기억 덕분에 나는 오늘도 나의 주변을 다시 돌아보게 된다. 내가 받은 그늘을 기억하며, 나도 누군가가 기댈 수 있는 사람이 될 수 있을까 해서 말이다.

진심으로 부드러운 바람처럼 상대방의 마음을 다독이는 그런 사람이 되고 싶다. 누군가는 "어차피 인생은 혼자야."라고 하지만, 다들 관심받고 싶어 하고, 사랑을 그리워한다. 나 역시 그중 한 사람이었다. 그러나 이제부터는 내가 받기를 원하기보다 누군가가 기댈 수 있도록 그늘을 내어주려 한다. 그리고 그 그늘에서 쉬는 이에게 이 말을 꼭 들려주고 싶다.

"나는 네 편이야. 넌 정말 잘하고 있어."

04_내 마음을 읽어줄 도구 찾기

어린 시절, 고모가 화투패를 펼쳐 운수를 보던 기억이 난다. 가장 기억에 남는 장면은 "똥 카드가 나오면 돈이 생긴다."라며 장난스럽게 웃던 얼굴이다. 어린 나는 작은 패 속에서 무언가를 읽어내는 모습이 신기했다. 마치 마법 같았다. 그때부터였을까? 세상의 작은 징후들을 그냥 지나치지 않고 의미를 찾으려는 습관이 내 안에 자리 잡기 시작했다.

이렇게 나와 고모처럼 사람들은 각자의 방식으로 세상을 읽어낸다. 누군가는 숫자로, 누군가는 감각으로, 또 누군가는 이야기를 통해서. 나 역시 보건관리자로 일하며 많은 직원을 만나면서 건강을 바라보는 시각이 변해갔다.

같은 환경에서 일해도 피로와 스트레스에 대한 반응이 저마다 달랐다. 어떤 사람은 쉽게 지쳤고, 또 어떤 사람은 오히려 에너지를 끌어올렸다. 같은 공간에서 같은 일을 하는데 왜 이런 차이가 생기는지 궁금

했다. 처음에는 단순히 체력 차이라고 생각했다. 하지만 시간이 지나면서 그게 전부가 아니라는 걸 깨달았다. 같은 자세로 일하는데도 누군가는 소화불량을 호소하고, 또 다른 누군가는 두통을 앓았다. 건강검진 결과가 비슷해도 감기에 걸렸을 때의 회복 속도는 제각각이었다.

이 차이를 이해하기 위해 여러 자료를 찾다 보니 음양오행과 사상 체질이라는 개념을 접하게 되었다. 그리고 건강관리는 모두에게 동일한 방법을 적용하는 것이 아니라, 각자의 체질에 맞춰야 한다는 걸 배웠다. 더불어 우리 몸은 단순한 기계가 아니라 자연의 일부이며, 각기 다른 리듬을 가지고 있어서 획일적인 지침을 따르기보다는 자기 몸을 이해하는 데서 출발해야 함을 깨달았다. 예를 들어, 어떤 사람에게는 좋은 음식이 다른 사람에게는 독이 되기도 하고, 걷는 것이 최고의 운동인 사람이 있는가 하면, 요가를 통해 안정감을 찾는 사람도 있다. 즉, 핵심은 외부의 기준이 아니라 내 몸과 마음이 보내는 신호를 읽는 것이다.

그렇다면 몸의 건강을 챙긴다고 모든 게 해결될까? 마음이 불안하고 지쳐 있다면, 건강한 생활 습관을 유지하는 것도 어렵다. 운동도, 식단도, 좋은 습관도 결국 '마음'이라는 토양이 단단해야 제대로 뿌리를 내릴 수 있다. 그러던 중, 나는 타로를 만났다. 처음에는 단순한 놀이처럼 보였다. 하지만 타로는 단순한 점(占)의 도구가 아니었다. 그것은 '심리적 거울'과 같았다. 우리는 때때로 자기감정을 명확하게 언어로 표현하지 못한다. 타로는 그런 막연한 감정을 상징과 이미지로 비춰주며, 내면을 들여다볼 기회를 제공했다.

어느 날, 한 직원이 "요즘 잠을 잘 못 자요. 불면증이 심해져서 두통까지 생겼어요."라며 건강 상담을 위해 찾아왔다. 또 다른 직원은 체력 관리를 고민하다가 "사실 요즘 많이 불안해요."라고 말했다. 어떤 이는 만성 피로를 이야기하면서도 깊이 자리한 무기력과 상실감을 드러냈다. 단순한 운동과 식단 조언만으로는 부족하다는 걸 실감했다. 마음이 지친 상태에서는 아무리 건강한 생활 습관을 적용해도 효과를 보기 어려웠다. 그런 그들에게 타로로 마음 건강 상태를 점검했다. 그 과정에서 사상체질이 육체적 건강을 관리하는 도구라면, 타로는 심리적 건강을 들여다보는 창임을.

한번은 K 씨가 "이직을 해도 될까요?"라면서 커리어 고민을 털어놓았다. 그가 뽑은 카드는 '검의 기사'였다. 결단과 돌파, 빠른 행동과 결단력을 의미하는 카드였다. 이에 나는 "혹시 변화가 두려우신가요?"라고 질문했다. 그는 한동안 고민하다가 "맞아요. 새로운 도전을 하고 싶지만, 실패할까 봐 걱정돼요."라고 답했다. 그래서 나는 다시 "지금 필요한 건 명확한 목표와 준비 아닐까요?"라며 조심스레 물었다. 그러자 그는 잠시 생각에 잠기더니 "맞아요. 막연한 두려움에 빠져서, 정작 무엇을 준비해야 할지를 고민하지 않았어요."라고 하고는 자신의 목표와 계획을 종이에 적기 시작했다. 그렇게 나에게 타로는 단순한 점을 보는 도구가 아니라 상대가 스스로 답을 찾도록 돕는 도구가 되었다.

몸이 불균형하면 병이 찾아오듯, 마음이 불안정하면 삶이 흔들린다. 직원들이 자신의 몸을 이해하고, 동시에 내면의 목소리도 들을 수 있도록 돕고 싶다. 이런 나의 소망을 뒷받침해 주는 요소가 사상체질과 타로다. 사상체질로 몸의 균형을 맞추고, 타로로 마음을 들여다볼 수 있다면, 더 건강하고 단단한 삶을 살 수 있도록 안내해 줄 수 있을 듯하다.

많은 사람이 미래가 궁금해서 타로를 찾지만, 그 이면에는 '내 고민을 들어줄 사람이 필요하다.'는 욕구가 자리 잡고 있다. 이는 내가 만난 30대 직장인들이 사주를 보거나 철학관을 찾는다는 이야기를 듣고 느낀 점이다. 정신과 상담이 더 나은 선택일 수도 있지만, 조금 더 친근하고 쉽게 접근할 수 있는 방식을 선호하는 듯했다. 그런 그들의 선택에서 거창한 해결책보다는 고민을 공감해 줄 누군가와의 짧지만 깊이 있는 대화가 필요해 보였다. 여기에 내가 타로라는 장치를 꺼내 든 이유가 있다.

지금까지의 경험상 타로는 현재를 점검하고, 스스로 방향을 설정하는 데 도움을 준다. 특히, 내 마음을 파악하고, 타인의 마음을 이해하는 데 유용하다. 이로써 서로를 깊이 공감하며, 더 나은 대화를 만들어갈 수 있다. 그러니 혹 풀리지 않는 고민이 있다면, 그 실마리를 찾는 데 도움이 될 만한 무언가를 찾아보자. 그게 한 장의 그림이 될 수도 있고, 글쓰기가 될 수도 있고, 명상이 될 수도 있다. 다시 말해, 내 마음 그리고 상대방의 마음을 읽는 데 긴말이 필요하지 않다는 뜻이다.

05_감성을 공감할 때 일어나는 일

어린 시절, 왠지 모르게 나와 감성자매 같다고 느꼈던 만화 속 주인공이 있다. 바로 빨강머리 앤. 외모는 닮지 않았지만, 넘치는 상상력과 감정을 솔직하게 표현하는 모습은 왠지 모르게 어린 시절의 나와 많이 닮아 있었다. 고아라는 환경 속에서도 주눅 들지 않고, 자신만의 눈으로 세상을 바라보며 당당히 살아가던 앤. 나는 그녀의 사랑스러움에 푹 빠졌고, 어쩌면 지금도 여전히 그 매력을 좇고 있는지도 모르겠다. 특히 아래의 대사처럼, 자신의 아픔조차 감추지 않고 솔직하게 표현할 줄 아는 앤의 용기와 진심. 그런 모습은 지금도 내가 닮고 싶은 마음의 결이다.

"신기하지 않아요?
누군가를 기쁘게 해주려고 무엇이든 할 수 있다는 게 말이에요.
아주머니, 실컷 울게 해 주세요.
우는 게 그 아픔보다는 덜 괴로워요.
얼마 동안 제 방에 있어 주세요.

저 좀 안아주세요."

앞서 밝혔듯이 나의 유년은 시골에서 시작되었다. 봄이면 엄마를 따라 뒷산에 올라 진달래꽃을 따서 담금주를 담그고, 쑥을 캐며 시간을 보냈다. 손바닥 위에서 살짝 튀어 오르는 공깃돌을 모으며, 나만의 보물을 늘려가곤 했다. 특별한 장난감 없이도 자연 속에서 충분히 행복했던 순간들이었다.

하지만 열 살 무렵, 도시로 이사하면서 그 모든 것과 이별해야 했다. 정든 친구들, 집에서 키우던 누렁이, 손에 익은 공깃돌까지. 그렇게 자연과 함께 형성된 감수성은 나에게 감정의 의미를 더욱 선명하게 새겨 주었다.

나는 감성이 사람을 더욱 따뜻하게 만든다고 믿는다. 그래서인지 내 감정뿐 아니라 타인의 감정에도 자연스레 귀를 기울인다. 누군가의 이야기를 들을 때면 그 마음에 스며들 듯 공감하고, 단순한 위로가 아닌 함께 느끼는 것에 가깝다. 마음을 열고, 감정을 나누는 일이 내게는 너무나 당연한 일인 셈이다. 그래서 나는 '감성 멘토'라는 이름으로 글을 쓰기 시작했다. 내게도 그리고 힘든 하루를 보낸 누군가에게도 따뜻한 말을 건네고 싶어서. 또 "수고했어.", "넌 참 잘하고 있어.", "괜찮을 거야." 이 짧은 한마디가 큰 힘이 되고, 누구나 위로가 필요하다는 걸 알고 있어서다.

이런 내게 어느 날, 한 후배가 조심스럽게 말을 건넸다.

"정말 감사해서 어찌 보답해야 할까요? 제게 키다리 나무가 되어 주셔서 고마워요."

이후 이어진 그녀의 말이 가슴 깊이 와닿았다.

"예전엔 지지 않으려고 애쓰며 살았어요. 그런데 점점 민들레 홀씨처럼 흔들리는 제 모습이 안타깝더라고요."

그녀처럼 우리는 때때로 유리처럼 쉽게 깨질 듯한 순간을 맞닥뜨린다. 삶이 우리가 원하는 방향으로만 흘러가지 않기에, 따뜻한 햇살이 비추다가도 어느 순간 바람이 불고, 예상치 못한 비가 내리기도 한다. 감정도 마찬가지다. 어느 날 문득 뒤바뀌기도 하고, 때로는 마음 깊은 곳에서 천천히 물들 듯 변해간다. 중요한 것은 그 변화를 받아들이고, 그 과정에서 나 자신을 이해하는 노력이다. 그러나 말처럼, 생각처럼 잘되지 않는 게 현실이다. 그런 순간, 단 한마디의 따뜻한 말이 커다란 위로가 되기도 한다. 이러한 이유로 그녀의 마음을 느끼고, 함께 공감만 해주었을 뿐인데도 감사 인사를 들은 것이다.

이 경험을 통해 나는 감성이 조미료 같은 존재라는 생각이 들었다. 같은 재료를 사용하더라도 어떤 양념을 더하느냐에 따라 맛이 달라지듯, 감성이 깃든 말과 행동은 전혀 다른 온기를 전하니까. 게다가 따뜻한 감성이 더해진 하루는 같은 일상에서도 특별함을 만들어낸다. 마치 근사한 곳에서 좋아하는 사람과 식사를 하는 기분이다. 우리는 종종 그 감성의 가치를 잊고 살아가지만, 결국 사람을 가장 행복하게 해주는 건 감성이라는 작은 양념이라고 믿는다.

물론, 감정의 무게는 사람마다 다르다. 같은 상황에서도 어떤 이는 쉽게 털어내지만, 또 다른 이는 깊이 상처받는다. 그래서 이 차이를 이해하고 공감하는 감성 멘토가 되기로 자처했다. 이 활동으로 단순한 대화만으로도 위로가 될 수 있고, 한 번의 공감이 오랜 아픔을 치유하는 열쇠가 되기도 한다는 사실을 깨달았다. 그래서 나는 더더욱 누군가를 만나도 진심으로 다가가려고 한다.

한편, 감정을 표현하는 데 서툰 사람이 많다. 위로받고 싶지만, 선뜻 말을 꺼내지 못한다. 이런 경우에는 주변의 작은 변화를 살펴보라고 한다. 바람이 나뭇잎을 스치는 소리, 햇살이 창가에 부드럽게 내려앉는 모습 등을 지켜보다 보면 나도 모르는 사이에 위로를 받고 있다. 말 그대로 나 자신을 안아주고, 다독이는 방법이다. 이 훈련이 이어지면 타인도 이해할 힘이 생긴다.

우리 모두 누군가에게 감성 멘토가 될 수 있다. 따뜻한 한마디, 진심 어린 공감이 누군가의 하루를 바꿀 수도 있으니까. 내가 누군가에게 따뜻한 존재가 될 수 있다면, 그 자체만으로도 충분하지 않을까? 햇살이 따사로운 날처럼, 모두의 마음이 따스하면 좋겠다. 그리고 이 문장을 기억하면 좋겠다.

"감성은 마음을 잇는 다리다. 한 사람의 따뜻한 말 한마디가 또 다른 누군가의 등불이 된다."

06_서로 기대고 배우며 자라는 과정

혹시 산업보건의라는 직업을 들어본 적이 있는가? 이들은 공장, 건설 현장 등 다양한 산업 환경의 근로자 건강을 지키는 일을 하는 의사다. 단순한 진료를 넘어 작업 환경을 분석하고, 직업병을 예방하며, 근로자의 건강을 장기적으로 관리하는 역할을 맡고 있다.

나는 보건관리자로 일하면서, 순천향대학교 구미병원 직업환경의학과 김진석 교수님과 20년 넘게 함께했다. 그는 단순한 동료가 아니라, 나에게 신뢰와 배려, 그리고 실천의 가치를 가르쳐 준 사람이다. 한마디로 나에게 아주 의미 있는 인물이다. 그런 그가 오래전 내게 이렇게 말했다.

"이 간호사, 나는 오십이 넘으면 해외 봉사활동을 하려고 합니다."

당시에는 그저 막연한 희망일 거라고 생각했다. 하지만 그는 말만 하는 사람이 아니었다. 오십이 되던 해, 그는 주저 없이 직장을 정리하고 해외로 떠났다. 그때뿐만 아니라 그는 늘 자신의 신념을 행동으로 옮겼다. 그는 근로자의 건강을 돌보는 것에 그치지 않고, 환경 보호에도 앞장섰다. 걸어서 출퇴근하고, 텀블러와 손수건을 사용하고, 길을 가면서도 쓰레기를 줍는 게 습관이었다. 누구나 선한 뜻을 품을 수는 있지만, 그것을 실천한다는 건 전혀 다른 문제다. 특히 개인적인 이익이 아닌 더 넓은 세상을 위한 선택이라면 더욱 그렇다.

덕분에 그와 함께하는 동안 나는 많은 것을 배웠다. 그는 실수를 탓하지도 않았다. 대신 해결 방법을 함께 고민했고, 어려운 순간마다 따뜻한 격려를 아끼지 않았다. 그런 태도는 조직 내에서 신뢰를 쌓게 했고, 주변 사람들에게 긍정적인 영향을 주었다. 덩달아 나에게는 '함께 나이 들어감'에 대한 가치를 알게 했다. 우리 모두 나이를 먹지만, 마음이 성장하는 방향은 누구와 함께하느냐에 따라 달라짐을 깨달은 것이다.

한편, 우리 동네에는 25년 넘게 운영 중인 소아청소년과가 있다. 맞벌이를 하며 아이를 키우는 내게는 언제든 신뢰할 수 있는 병원이 있다는 사실만으로도 큰 안도감이 되었다. 밤늦게까지 운영하는 데다가 365일 문을 닫지 않는 원장들은 단순한 의료 서비스를 넘어선 헌신을 보여주었다. 산업보건의가 근로자의 건강을 책임지듯 이 병원의 의사들은 수많은 부모에게 든든한 버팀목이 되어주었다. 생각해 보면 이렇게 묵묵히 자기 자리를 지키며, 누군가에게 힘이 되어주는 사람이 우리 주변에는 참 많다. 그들은 뿌리 깊은 '나무'와 같다.

보건관리자로 일하면서도 여러 나무를 만났다. 그중에는 내게 성장의 기회를 열어준 이도 있다. 업무적으로 막막한 순간마다 아낌없는 조언을 해주었던 선배들, 따끔한 충고도 서슴지 않았던 멘토들, 내가 한층 더 성장할 수 있도록 손을 내밀어 준 사람들. 그들은 단순한 조력자가 아니라 내 삶의 방향을 바꿔 준 대상이었다.

나처럼 우리 모두는 누군가의 영향을 받으며 성장한다. 그래서 나는 멘토를 멀리서 찾을 필요가 없다고 생각한다. 진정한 멘토란, 나에게 행동으로 가르침을 주었던 이들처럼 자신의 역할에 최선을 다하며, 본보기가 되는 사람이니까. 특히, 그런 대상과 함께하면 내 삶도 더 의미 있게 가꾸어 나가고 싶어진다.

실제로도 누구를 만나느냐에 따라 인생이 달라진다고 한다. 파리를 따라가면 오물 속에 머물게 되지만, 꿀벌의 뒤를 쫓으면 꽃밭으로 향하게 되듯이. 그러하기에 나를 끌어주고, 일으켜 준 사람들이 없었다면 나는 지금 어디쯤 서 있을지 궁금해진다. 아마도 지금처럼 나의 자리를 지키며 의미 있는 일을 해내지는 못했을 것이다. 비단 직장 생활을 하며 만난 사람들만 얘기하는 게 아니다. 학창 시절, 시험을 앞두고 불안할 때마다 조용히 다가와 "넌 충분히 잘할 거야."라고 격려해 주던 선생님, 삶의 전환점마다 방향을 잡아 주면서 귀한 조언을 건넨 인생 선배 모두 포함이다.

나도 누군가에게 이런 나무 같은 존재가 되고 싶다. 힘든 순간마다 다시 일어설 용기를 주고, 나아갈 방향을 찾을 수 있도록 손을 내밀어주는 사람. 마침 마더 테레사가 남긴 말이 머릿속을 스친다.

"당신이 오늘 베푼 선행은 내일이면 잊혀질 것이다. 그래도 선행을 베풀어라."

그녀의 말처럼 사람은 백 번을 잘해줘도 한 번의 실수로 등을 돌릴 수 있다. 하지만 진심은 반드시 누군가의 가슴에 남고, 우리가 하는 행동은 우리의 삶으로 되돌아오리라 믿는다. 그래서 더더욱 나무가 되고 싶다. 그리고 나의 온기로 인해 단 한 명이라도 새로운 가지를 뻗어 나간다면, 그 자체로 행복할 듯하다. 이게 서로 기대고 배우며 자라는 과정이 아닐까?

07_내 삶을 바꾸는 주변의 작은 변화

"붕붕붕 아주 작은 자동차 꼬마 자동차가 나왔다.
붕붕붕 꽃향기를 맡으면 힘이 솟는 꼬마 자동차"

들을 때마다 기분이 좋아지는 만화 〈꼬마 자동차〉의 주제곡이다. 특히 '꽃향기를 맡으면 힘이 솟는'이라는 가사는 유난히 마음에 남았다. 아마도 나는 그때부터 향기에 기대어 살아온 것만 같다. 향기는 단순한 냄새가 아니라 내 기분을 바꾸고, 감정을 어루만져 주는 존재였다.

처음 아로마테라피를 접한 건 우연이었다. 바쁜 직장 생활에 지쳐 가던 어느 날, 퇴근길에 자그마한 아로마 숍이 눈에 띄었다. 그날따라 유독 피곤했던 탓일까? 은은한 향기에 이끌려 가게 안으로 들어섰고, 직원의 추천으로 라벤더 오일을 구매했다. 그날 밤, 호기심에 베개 모서리에 몇 방울 떨어뜨려 보았다. 신기하게도 머릿속이 맑아지는 듯했고, 오랜만에 깊은 잠을 잤다. 그 작은 변화가 나에게 잔잔한 파문을 일으켰다.

아로마테라피를 본격적으로 공부하면서 향기는 단순한 기분 전환이 아니라 몸과 마음을 치유하는 과정이 될 수 있음을 깨달았다. 라벤더와 페퍼민트처럼 익숙한 향에서 시작해 네롤리, 베르가못, 샌들우드 같은 깊이 있는 향을 하나씩 알아갔다. 그중 네롤리는 나를 가장 많이 위로해 주었다. 어린 시절, 어머니가 쓰던 로션 향과 비슷해서일까? 향을 맡는 순간, 마음이 편안해졌다.

이후 향기를 대하는 태도가 달라졌다. 우울할 때는 시트러스 계열의 향을 가방에 넣어 두고, 졸릴 때는 페퍼민트 오일을 손목에 발랐다. 중요한 회의를 앞두고는 로즈마리 향을 맡으며 집중력을 높였다. 그러면서 알게 되었다. 향기는 감정을 억누르는 데 활용하는 게 아니라 있는 그대로 인정하고, 풀어주는 역할을 한다는 사실을.

어느 날, 동료가 피곤한 얼굴로 다가와 "아내가 밤마다 잠을 못 자고, 식사도 제대로 못 해요. 허리 통증까지 심해서 같이 힘들어요."라며 고민을 털어놓았다. 이에 라벤더 오일과 스위트오렌지 오일을 추천하며 "라벤더는 긴장을 풀어주어서 수면을 돕고, 스위트오렌지는 기분을 밝게 해줘요. 베개에 한 방울 떨어뜨리거나 따뜻한 물에 넣어보세요."라는 설명을 곁들였다. 며칠 후, 그는 밝은 얼굴로 다가와 말했다.
"정말 신기해요. 어젯밤 아내가 처음으로 푹 잤대요."

　그의 피드백에 나는 다시 한번 확신했다. 향기는 단순한 냄새가 아니라 사람의 몸과 마음에 조용한 변화를 일으키는 존재임을. 실제로도 여러 연구에서 아로마테라피가 스트레스 완화와 수면 개선에 효과적이라는 결과를 발표하고 있다. 나 역시 불안할 때 라벤더 오일을 사용하면 심박수가 안정되고, 마음이 차분해지는 걸 경험하고 있다.

　얼마 전, 스트레스와 불면증으로 지쳐 있던 친구를 만났다.
　"요즘 너무 피곤해. 밤새워 뒤척이느라 한숨도 못 잤어."
　나는 곧바로 가방에서 작은 롤온 병을 꺼내 건넸다.
　"이게 네 구원자야."
　장난스럽게 말하며 흔들어 보였다.
　"라벤더, 로만 캐모마일, 마조람 오일을 블렌딩한 거야. 손목에 살짝 발라보고, 잠자기 전에 향을 맡아봐."
　얼마 뒤, 친구에게서 메시지가 왔다.
　"야, 대박! 어제 침대에 눕자마자 바로 잠들었어. 꿈도 안 꿨고. 이거 어디서 구할 수 있어?"

　이런 주변의 작은 변화는 내 삶을 바꾸고 있었다. 향기는 단순한 취향을 넘어 몸과 마음을 이해하는 하나의 방법이 되었다. 삶은 스쳐가는 향기처럼 지나가는 순간으로 가득하다. 어떤 기억은 라벤더 향처럼 부드럽고 평온하게 남고, 어떤 기억은 짙은 흙냄새처럼 무겁게 가라앉는다. 하지만 그 모든 것이 내 삶의 일부라는 걸 받아들이는 순간, 향기처럼 자연스럽게 흘러갈 수 있음을 배웠다.

나는 여전히 향기에 예민하다. 어떤 날은 허브차 한 잔의 향에 위로받고, 어떤 날은 오일 한 방울로 기분을 바꾼다. 그리고 가끔 묻는다.

'나는 내 몸과 마음을 어떻게 보살피고 있을까?'

오늘도 향기 속에서 나만의 답을 찾아간다.

08_우리 모두는 어디서든 피는 꽃

인생은 내 의지와 상관없이 흘러간다. 예상치 못한 순간들이 불쑥불쑥 찾아온다. 가까운 지인의 뺑소니 사고, 이웃의 화재, 친척의 암 선고. 한 달 사이에 들려온 이야기만 해도 그렇다. 한없이 흐르는 시간이 때로는 멈춰버린 듯하고, 때로는 태풍처럼 휘몰아친다. 그런 순간을 마주하면 무력감에 빠지곤 한다. 하지만 어쩔 수 없는 상황 속에서도 우리는 꽃을 피울 수 있지 않을까? 어쩌면 인생은 그런 작은 꽃을 피우는 과정이 아닐까?

하루는 오랜만에 옷 수선 가게를 찾았다. 사장님은 올해 76세. 몇 년 만에 만난 그는 훨씬 수척하고, 노숙해 보였다. 반가운 마음에 이런저런 이야기를 나눴다. 대화는 자연스럽게 과거 이야기로 흘러갔다.

30년 전, 사장님은 교복을 제작하는 회사를 운영했다고 한다. 좋은 디자인, 좋은 품질, 좋은 섬유 덕분에 순조롭게 사업을 이어갔단다. 그런데 대기업이 교복 사업에 뛰어들면서 상황이 달라졌다. 광고에 밀려 경쟁에서 도태되었고, 결국 부도를 맞았다. 다른 옷은 재고가 남아도 팔 수 있지만, 교복은 그러질 못하니 생긴 결과였다. 그렇게 그는 30억의 빚을 떠안았다. 심지어 그 책임을 지고 교도소 신세까지 졌다고한다. 이 모든 이야기를 덤덤히 했지만, 배신감과 상실감으로 버텨야만 했던 그의 감정이 고스란히 전해졌다.

만일 나라면 어땠을까? 그런 고통스러운 일을 겪었다면 다시는 재봉틀을 만지지 않았을 테다. 그러나 그 사장님은 여전히 바느질을 하고 있다. 그리고 이렇게 말한다.

"내 손을 거쳐 예쁘게 재탄생하는 옷들을 보면 기분이 좋아. 오래된 재봉틀은 내 친구 같아."

또 건강이 허락하는 한 계속 그 일을 하겠다고 하니 절로 숙연해진다. 물론, 다시 재봉틀 앞에 앉기까지 많은 시간이 필요했을 것이다. 그런데도 그는 두려움을 그대로 껴안고, 천천히 삶을 다시 수선해 나가고 있다. 그런 그를 보며 인생에서 아무리 예측할 수 없는 일이 닥치더라도 주어진 환경에 마주하며 한 땀 한 땀 길을 만들어간다면, 새로운 희망을 엿볼 수 있지 않을까 한다..

우리 집 둘째는 축구를 할 때 가장 행복하다고 했다. 유치원 때부터 공을 차기 시작해 지금까지, 축구는 언제나 그 아이의 삶에서 1순위였다. 인상에 남는 일이 있다. 초등학교 3학년 때 있었던 경기였다. 미드필더였던 아들은 어느새 공격수처럼 뛰고, 수비수처럼 달려가고 있었다. 경기에서 지고 있는 상황이 불안했던 걸까? 몸을 사리지 않고 뛰어다녔다. 하지만 끝내 이기지 못했다.

경기가 끝나자 아들은 눈물을 터뜨렸다. 속상한 마음을 달래줘야 했지만, 위로만 해주고 싶지는 않았다.

"아들, 승패는 나뉘지만 그렇다고 네가 최선을 다한 과정이 실패는 아니야."

그날 이후, 아들은 승부에 연연하기보다 축구 그 자체를 즐겼다. 마치 민들레 같았다. 원하는 곳에 뿌리를 내릴 수 없더라도, 어디서든 꽃을 피울 수 있는.

나는 길가의 민들레를 좋아한다. 바람에 날려 어딘가에 도착하면, 그곳이 아스팔트 위든, 돌 틈이든 개의치 않는다. 거친 환경 속에서도 꿋꿋하게 피어난다. 그리고 아무 일도 없었다는 듯, 바람이 잠잠해지면 다시 고개를 든다. 이런 민들레의 씨앗은 자신이 가고 싶은 곳을 선택할 수 없다. 반면, 어디에 뿌리내리든 최선을 다해 살아간다. 삶도 다르지 않다. 우리가 원하는 곳에 닿지 못하더라도, 어떤 태도로 살아가느냐가 더 중요하다.

꽃은 어디서 피든지 꽃이다. 민들레가 콘크리트 틈에서 자란다고 해서 덜 아름다운 게 아니듯, 삶도 완벽한 환경에서만 가치 있는 게 아니다. 오히려 거센 비바람을 견디며 피어나는 꽃이 더 강인한 생명력을 지닌다.

법정 스님의 말씀으로 널리 알려진 말이 있다.

"꽃이 아름다운 것은 꽃이 아름다워서가 아니라, 내 마음 안에 꽃이 피어서 아름다운 것이다.”

이 말처럼 삶의 환경보다 더 중요한 건, 그 삶을 바라보는 우리의 마음과 태도다. 당연히 어려운 현실과 마주하면 내 존재를 감추고 싶을 때가 있다. 그래도 민들레처럼 주어진 환경 속에서도 당당히 피어나려는 노력이 필요하다. 힘든 시간은 끝내 지나가니까. 어디 그뿐인가. 그 과정을 이겨내고 나면, 더욱 단단해진 나와 만난다. 그러니 세상이 시련과 역경을 던지더라도 꿋꿋이 견뎌내자. 그러다 보면 어느 순간 우리는 또 한 번 꽃을 피울 테니까.

09_누군가가 기다리고 있을 당신의 이야기

마음에도 날씨가 있다면, 나의 하루는 늘 그 하늘 아래 있었다. 그리고 맑았다가 흐렸다가 소나기가 내리는 내 감정의 기압골을 글은 조용히 알아차려 주었다. 커피를 먼저 찾기보다 펜을 들고, 작은 메모장을 펼치는 순간, 그날의 기분은 문장 속에 스며들었다. 어딘가 흐려 있던 마음 한 조각을 적고 나면, 왠지 조금은 덜 외로웠다.

누군가는 일기장을 숨겼지만, 나는 그 안에서 나를 꺼내 숨 쉬게 했다. 글은 단순한 표현이 아니라, 조용한 고백이었다. 나조차 몰랐던 마음을 들여다보게 해주고, 감정을 설명하지 않아도 이해해 주는 유일한 친구 같았다. 그래서였을까. 태어나 처음 받았던 상이 '일기 상'이었다. 방학 숙제였던 탐구생활과 일기 쓰기. 탐구생활은 벼락치기로 끝낼 수 있었지만, 일기만큼은 하루하루 채워야 했다. 별다른 사건 없이 지나간 날도 많았지만, 작은 일에도 감정을 담아보려 애썼다. 엄마가 해준 저녁, 친구와 다퉜던 일, 창밖의 구름 같은 사소한 것들이 내 일기의 소재가 됐다. 자연스레 글쓰기는 내 일상의 일부가 되었다.

나에게 글은 감정을 담아두는 그릇이었다. 감당하기 어려운 하루를 만났을 때도, 말로는 다 풀 수 없던 마음을 글로 적으며 스스로를 다독였다. 병원 실습을 하던 시절, 수첩 한쪽에 짧은 문장을 남겼다. 그중 하나는 지금도 내 마음 어딘가에 선명하게 남아 있다. 그중 하나를 옮겨 본다.

요즘 난 천국과 지옥이 정말 있을까 하는 궁금증이 생긴다.
착하면서도 고통 속에 아파하는 사람을 참 많이도 만난다.
가끔 그들의 가족과 눈이 마주칠 때면 어떻게 해야 할지 망설여진다.
지금도 병원 구급차 지나가는 소리가 요란히 들려온다. 순간 섬뜩해져 옴을 느낀다.
죽음 앞에서는 가정환경도, 그의 인품도 나이도 모두 중요하지 않다.
그저 '그'라는 한 사람으로 남을 뿐이다.
아무리 울어준다고 해도 대답 한 번 들을 수 없다는 것이 슬플 뿐이다.
살아있는 우리는 그저 살아있다는 이유만으로 또 하루를 보낼 뿐.
– 93년 어느 겨울날 중환자실에서(실습 중) –

막연한 슬픔과 이유 모를 허무함 속에서 하늘을 바라보던 시간. 누구에게도 털어놓지 못한 마음을 기록해 둔 것이다. 그리고 어디에나 낙서하듯 글을 남겼다. 공책이나 수첩이 아니더라도, 영수증 뒷면, 스마트폰 메모장에 감정을 붙잡아 두었다. 때로는 그 글들이 나를 살렸고, 내일을 시작하는 작은 불씨가 되어주었다. 덕분에 글은 내 이야기를 가장 잘 들어주는 친구가 되었다.

이렇게 어릴 적부터 무심히 끄적이는 습관은 나를 꿈꾸게 했다. 바로 언젠가는 책을 써보고 싶다는 바람이었다. 하지만 마치 넘지 못할 벽처럼 느껴져 단순한 소망으로만 남나 싶었다. 그러던 어느 날, "지금까지 살아온 시간만으로도 충분합니다." 이 단 한 줄의 문장이 나에게 용기를 주었다. 마치 "지금의 자리에서도 누군가에게 도움이 될 수 있다."고 말하는 듯했다. 이를 계기로 첫 원고를 썼다. 처음엔 두려웠다. 과연 책을 쓸 수 있을까 싶었고, 세상에 꺼내 놓는 글이 부끄럽기도 했다. 그래도 누군가 조용히 내 이야기를 기다리고 있을지도 모른다는 생각이 나를 계속 움직이게 했다.

솔직히 글쓰기의 길은 때때로 외롭고 막막했지만, 따뜻하게 응원해주는 사람, 진심으로 내 글을 읽어주는 사람이 있다는 자체만으로도 든든했다. 나를 '작가'라 불러준 그 한마디가 주춤하는 나를 다시 일으켜 세웠다. 특히, 누군가 내 글을 읽고 눈물이 났다고 말해주면, 그 모든 과정이 헛되지 않았음을 느꼈다. 나의 삶이 누군가에게 위로가 될 수 있음을 느끼고 나니 글을 쓰는 명분이 명확해졌다.

TED 강연에서 들었던 이야기가 생각난다. 뉴욕타임스 칼럼니스트였던 한 작가는 '슬픔을 다스리는 방법'에 대해 이렇게 말했다.

"저는 아팠던 날들을 모두 글로 적어두었습니다. 그 글을 다시 꺼내 보는 날이 오면, '아, 그래도 나는 지나왔구나.' 하면서 스스로를 다독이게 됩니다."

그는 글쓰기가 자기감정을 정리하는 가장 중요한 방식이라며, 말로 꺼내지 못한 감정도, 지나간 고통도, 한 문장에 담기는 순간 치유의 빛이 스며든다고 했다.

나 또한 글을 쓰며, 내 안의 상처와 마주했다. 아물지 않은 감정, 미처 꺼내지 못했던 순간들이 조용히 떠올랐다. 쓰는 동안은 아프지만, 다 쓰고 나면 조금은 편안해졌다. 그래서 글쓰기는 누군가의 조언보다 더 깊고, 조용하게 나를 안아주는 시간이 되었다.

이처럼 글에는 시간이 담겨서 치유의 힘이 있는 게 아닐까 한다. 영국의 소설가 버지니아 울프도 힘든 시기일수록 글을 멈추지 않았다. 그녀는 일기와 편지를 통해 내면의 혼란을 정리했고, 그 기록은 단순한 창작을 위한 도구가 아니라, 삶을 견디기 위한 고백이자 안식처였다. 버지니아 울프는 글을 쓸수록 생각이 또렷해지고, 두려움은 조금씩 사라졌다고 이야기하곤 했다. 그래서였을까. 나도 어느 순간부터 글을 쓰는 동안 복잡한 마음이 조금씩 가라앉는 것을 느꼈다. 그리고 다 쓰고 나면, 어느새 내 안이 조금 더 명확해진다. 어쩌면 글을 쓰는 이유는 대단한 이야기를 만들기 위해서가 아니라 우리 안의 불안을 밖으로 꺼내기 위해서일지도 모른다는 생각이 들었다. 그리고 바로 그 이유에 따라 나는 여전히 글을 쓴다. 그렇게 차곡차

곡 쌓인 글은 나의 거울이자 창문이다. 오늘의 나를 비추고, 내일을 향한 문을 열어주니까.

이제는 확신한다. 글쓰기는 삶을 조금 더 단단하게 살아가는 방법이자, 내면을 끌어안는 따뜻한 도구임을. 더욱이 기록은 사라지지 않는다는 특성을 가지고 있다. 그로 인해 언젠가 삶의 자산이 되어 다시 나에게 돌아온다.

만일 지금, 이 순간, 혼자만의 시간이 필요하다면, 복잡한 마음을 털어놓을 곳이 없다면, 글을 써보면 좋겠다. 한 줄이라도 좋다. 분명 당신의 이야기를 기다리고 있는 사람이 있을 것이다.

10_나만의 철학이 깃든 직장 생활

매일 아침, 우리는 똑같이 86,400초를 선물 받는다. 그러나 저녁이 되면 그 시간은 흔적도 없이 사라진다. 우리는 그 하루를 어떻게 쓰고 있을까? 또 그 하루는 과연 우리가 원하는 삶으로 이어지고 있을까?

여러 번 밝혔듯 나는 30년 동안 직장 생활을 해왔다. 그리고 여전히 같은 질문을 되풀이한다.

'일을 계속하고 싶지만, 왜 직장은 빨리 떠나고 싶을까?', '직장은 내게 어떤 존재였으며, 나는 이곳에서 무엇을 배웠을까?'

긴 시간 같은 조직에서 일하면서 수도 없이 스스로에게 물었다. 또 하나의 질문은 늘 마음 한편에 자리하고 있다.

'나는 언제까지 이 회사에 다닐 수 있을까?', '언제까지 이 회사에 다녀야 할까?'

얼핏 비슷해 보이지만, 이 두 질문은 전혀 다른 결을 지닌다. 하나는 안정적인 직장 생활을 이어가고 싶은 마음에서 비롯한 것이고, 또 하나는 내 삶의 방향을 스스로에게 묻는 질문이다.

대부분의 사람에게 직장은 단순한 생계 수단이 아니다. 일은 자기 증명의 과정이고, 관계를 맺는 공간이며, 때로는 성취감을 맛보는 장이기도 하다. 누군가는 능력을 키우며 의미를 찾고, 또 다른 누군가는 동료와 협력하는 과정에서 삶의 가치를 느낀다. 그런 순간들이 우리를 일에 몰입하게 만든다. 반대로, 직장은 우리의 자유를 제한하고 개인의 삶을 정형화된 틀 속에 가두기도 한다. 매일 반복되는 업무와 경직된 조직 문화 속에서 지치기도 한다. 결국, 일은 우리가 의미를 부여할 수 있는 대상이지만 직장은 때로 그 의미를 제한하기도 한다. 그래서 우리는 이런 모순된 감정을 품는다.

'일은 계속하고 싶지만, 직장에서는 벗어나고 싶다.'

이 양가감정 속에서 하루하루를 살아간다.

후배와 점심을 먹으며 나눈 대화가 있다.

"언제까지 회사에 다녀야 할까요?"라고 말하는 그녀에게 "직장 생활이 쉽지 않지?"라고 했더니 "로또만 당첨되면 당장 그만둘 거예요."라는 반응이 돌아왔다. 그래서 다시 물었다.

"얼마가 있으면 그만둘 수 있을 것 같아?"

그러자 한참을 고민하던 후배는 "글쎄요. 웬만큼 먹고 살 만큼이면 되지 않을까요?" 하면서 어깨를 으쓱해 보였다. 그 순간, 나도 나 자신에게 같은 질문을 던졌다.

'나도 로또에 당첨되면 회사를 그만둘까?', '돈이 많아지면 일을 완

전히 포기할 수 있을까?'

　실제로 직장인 10명 중 8명은 한 번 이상 로또를 구매한 적이 있다고 한다. 다들 경제적 자유를 꿈꾸지만, 정작 그 자유가 주어져도 일을 계속하고 싶어 하기도 한다. 한국의 평균 퇴직 연령은 49.3세지만, 고령층의 약 70%는 73세까지 일하기를 원한다고 한다. 단순히 생계를 위해서만은 아닐 것이다.

　그렇다면 우리는 왜 이토록 오래 일하고 싶어 하는 걸까? 단순히 돈 때문일까? 아니면 그 이상의 의미가 있어서일까? 아니, 더 근본적으로 물어본다. 직장이란 무엇일까? 우리는 왜 일을 할까? 월급, 승진, 휴가, 성취감, 소속감 등 직장 생활을 지속하는 이유는 다양하지만, 그 어떤 것도 영원하지 않다. 회사는 본질적으로 수익을 추구하는 곳이고, 우리는 언제든 대체될 수 있는 존재이기 때문이다. 그렇기에 회사에 의존하는 것이 아니라, 나 자신을 성장시키는 데 초점을 맞춰야 한다.

　어느 날, 한 동료가 이런 말을 한 적이 있다.
　"직장에서 밥을 주니까 얼마나 감사한 일이에요?"
　처음엔 웃어넘겼지만, 시간이 지나면서 다시 곱씹어 보게 되었다.
　'회사에서 주는 밥에 감사해야 하는 걸까?'
　실제로 많은 사람이 직장 생활에서 누리는 부분들을 당연하게 여긴다. 일이 있는 것, 월급이 나오는 것, 동료가 있는 것. 직장 생활에는 이 외에도 많은 요소가 얽혀 있다. 그런데 만약 이 모든 게 사라진다면?

물론, 때로는 억울하고, 스트레스를 받고, 불만도 쌓이지만, 그 안에서 배우고, 성장한다. 나 역시 30년 동안 직장 생활을 하면서 많이 배웠다. 직장은 진정으로 나를 단련시키고, 성장하게 만든 공간이었다. 앞서 언급했듯 나를 한정시키기도 했지만, 실수를 통해 성숙해졌고, 좌절 속에서 배움을 얻었으며, 작은 성취에 기뻐하며 내 자리를 지켜왔다. 그렇게 내 삶과 직장은 하나가 되었다.

이쯤에서 이런 궁금증이 생긴다.

'나는 30년을 함께한 여기에서 어떤 가치를 만들어가고 있을까?', '내가 남기고 싶은 흔적은 무엇이며, 나의 경험이 누구에게 어떤 영향을 미칠 수 있을까?'

30년을 한곳에 있어도 본디 직장 생활이란 게 끊임없는 변화의 연속이라 생겨나는 고민이다. 익숙한 것만 붙잡고 있으면, 어느새 흐름에서 멀어지게 되고, 과거의 경험이 전부가 될 수는 없으니 말이다. 그래서 '나는 언제까지 이곳에 있을까?', '나는 이곳에서 어떤 의미를 만들어갈 수 있을까?', '이곳을 떠난다면, 나는 어디에서 어떤 가치를 찾을 수 있을까?'와 같은 물음을 나 자신에게 계속 던지는지도 모르겠다.

그 끝에 나는 나만의 직장 생활 철학을 세웠다. 경험들은 단순한 과거가 아니라 앞으로 나아갈 방향을 비춰주는 등불로, 나 자신은 지속해서 배우고, 성장하며, 의미를 만들어가기로. 더불어 '언제까지'라는 기한을 두기보다는 '어떻게 의미 있게 살아갈 것인가?'에 초점을 두기로 했다. 이 덕분에 나는 오늘도 1mm라도 나아간다는 확신이 있다. 그 사실만으로도 나에게는 큰 의미가 있다.

오늘 아침에도 새벽 5시에 눈을 떠 하루를 시작했다. 여전히 일어나기는 힘들지만, 현관문만 나서면 정신이 맑아진다. 그리고 조용히 떠오르는 햇살을 맞이할 때면, 그렇게 설렐 수 없다. 마치 아무도 밟지 않은 눈을 처음으로 디디는 순간처럼 가슴이 벅차오른다고 해야 할까?

나는 이렇게 나만의 가치를 만들어가고 있다. 그곳이 일상이든, 직장이든, 어디서든 멈추지 않을 것이다. 여기에 작은 바람을 하나 더 보태보자면, 나의 이런 신념이 누군가에게 작은 이정표가 되었으면 한다. 그럴 수만 있다면, 그것만으로도 충분히 행복한 인생일 것이다.

11_스스로를 믿고 날아오르는 연습

길을 걷다가 비둘기 한 마리가 가느다란 나뭇가지 위에 앉아 있는 모습을 보았다. 참새처럼 작고 가벼운 새라면 그러려니 했을 텐데, 무게감 있는 비둘기가 위태로운 가지를 전혀 의심하지 않는 태도로 앉아 있는 모습에 '저렇게 무거운 몸을 가진 녀석이 저 얇은 가지를 신뢰하다니.'라는 생각이 절로 들었다. 그 순간, 깨달았다. 비둘기는 가지를 믿는 게 아니라, 자기 날개를 믿고 있음을. 설령 가지가 부러진다 한들 언제든 다시 날아오를 수 있다는 걸 이미 알고 있는 듯했다. 그 당연함이 놀라웠다.

그러다 문득 내 30대 시절이 떠올랐다. 일의 무게는 나를 짓눌렀고, 미래는 뿌연 안개처럼 막막했다. 무엇 하나 확신할 수 없던 시기였다. 그렇게 새장 안에서 허우적대듯 내 안의 자유는 조용히 말라가고 있었다. 그 무렵, 누군가 내게 이렇게 말했다.

"네가 지금까지 잘 참아와서 고맙지만, 조금만 더 참아줬더라면 정말 미안했을 거야."

그 말 속에서 '미안하다.'는 진심이 전해지길 바랐지만, 이상하게도 '조금만 더 참아달라.'고 요구하는 말처럼 들렸다. 힘들었던 나는, 또다시 이해하는 사람이 되어야만 했다.

그 이후, 내 마음속엔 조용한 외침이 하나 생겼다.

"나는 날고 싶다!"

단지 현실에서 도망치고 싶은 마음이 아니었다. 무언가에 갇혀 있다는 감각에서 벗어나고 싶었고, 내 날개로 내 방향을 찾고 싶었다.

한 후배가 들려준 이야기가 있다. 상담을 받던 중 "다시 태어난다면 무엇이 되고 싶나요?"라는 질문을 받았다고 한다. 이에 주저 없이 "새요."라고 답했다고 했다. 나도 언젠가 그렇게 말한 적이 있기에 묘한 연대감을 느꼈다. 그렇다. 나와 후배가 그랬듯 누구나 날고 싶어 한다. 이유는 높이 오르기 위해서라기보다 스스로를 믿기 위해서가 아닐까 한다.

한때, 가수 변진섭의 〈새들처럼〉을 자주 들었다. 이 노래는 내 마음속의 갈망을 대변해 주는 듯했고, 듣는 내내 가슴이 뭉클했다. 특히, 이 가사에 깊이 공감했다.

"날아가는 새들 바라보며 나도 따라 날아가고 싶어. 파란 하늘 아래서 자유롭게 나도 따라가고 싶어."

단순히 하늘을 나는 장면이 아니라, 얽매임 없이 자기 힘으로 움직이는 그 자유로움에 끌렸던 게 아닐까 한다. 이렇게 적고 보니 류시화 시인의 글귀가 떠오른다.

내가 느꼈던 그 마음을, 시인은 이렇게 단 한 줄로 표현했다.

"나무에 앉은 새는 가지가 부러질까 두려워하지 않는다. 새는 가지가 아니라 자신의 날개를 믿기 때문이다."

우리는 종종 '가지'를 붙잡고 살아간다. 그 가지는 직장, 지위, 연봉, 타인의 인정 등 다양한 모습을 띠고 있는데, 다들 그것이 자기 자신을 지켜주리라 믿는다. 하지만 그 가지는 언제든 부러질 수 있다. 결국, 우리를 지켜주는 건 내 안의 믿음, 내 안의 가능성이다. 당연히 처음 날개를 펼치는 새는 아마 많이 떨릴 것이다. 높이 날고는 싶지만, 떨어질까 봐 두려운 마음이 있다. 하지만 그 불안을 안고도 새는 하늘을 향해 날아오른다. 자신만의 궤도를 그리며.

우리도 각자 날개를 지니고 있다. 누군가는 그것을 '창의력'이라 하고, 또 누군가는 '용기'라 부른다. 또 다른 이는 '자기만의 속도'라고도 한다. 핵심은 그 날개를 길들이고, 믿고, 다시 펴는 일이다. 맞다. 날개는 연습이 필요하다. 방향을 잃고 망설이는 순간도 있고, 바람이 거세게 불어올 때 다시 내려앉고 싶은 유혹도 찾아오니까.

나도 그랬다. 날고 싶었지만, 두려웠다. 수없이 망설였고, 주저앉았다. 그렇지만 이제는 안다. 그럴수록 더 단단히 날개를 펴야 한다는 걸 말이다. 조금씩, 천천히. 그 과정이 쌓이면 언젠가는 더 멀리, 더 높이 오를 수 있다.

"초보는 '이길 수 있을까?'를 고민하고, 고수는 '어떻게 이길까?'

를 생각한다."라는 다큐멘터리 속 프로게이머의 말이 인상 깊게 남아 있다. 이처럼 같은 상황을 마주하더라도, 어디에 초점을 두느냐에 따라 우리의 태도는 완전히 달라진다. 돌이켜보면 나도 초보였을 때는 늘 불안했다. '이 선택이 맞을까?', '실패하면 어떡하지?'와 같은 고민만 하다가 기회를 놓친 적도 많다. 다행히 경험이 쌓이면서 깨달았다. 내가 두려워했던 것은 실패가 아니라 실패할 수도 있다는 생각 자체였음을.

삶을 살다 보면 예상치 못한 일이 벌어지고, 불안한 순간이 찾아온다. 환경이 흔들리고, 의지했던 대상이 사라질 때도 있다. 그럴 땐 새들의 지혜를 떠올린다. 바람이 거세게 불면 날개를 접고 몸을 낮추지만, 그 바람을 이용해 더 높이 나는 기술. 이것이 우리 인간에게는 내 안의 믿음이 아닐까 한다. 그리고 그 신뢰는 환경이 변하더라도 흔들리지 않도록 잘 가꾸어야 한다. 그래야만 어떤 상황에도 흔들리지 않고, 더 넓은 세상을 향해 나아갈 수 있을 테니까. 그러니 불안을 떨쳐내고 나만의 날개를 펼쳐보자.

4장 또다시 시작할 30년- 누군가의 그늘이 될 나무

당신이 지금 행복했으면
좋겠습니다.

01_인생은 더하기보다 빼기 먼저

여행지나 사찰을 찾을 때마다 어김없이 소원을 적는 공간을 만난다. '당신의 소원을 적으세요.'라는 문구 아래, 사람들은 각자의 바람을 진지한 얼굴로 써 내려간다. 건강, 부, 성공, 사랑 등 저마다의 간절함을 담은 메모가 나뭇잎처럼 매달려 있다.

한편, 소원보다 더 큰 힘을 가진 대상이 있다. 바로 '발원'이다. 소원이 '내가 잘되기를 바라는 이기적 소망'이라고 한다면, 발원은 이타적인 원력이다. 예를 들어, 부자가 되기를 바란다고 했을 때, 부자가 되어서 누군가에게 도움을 주겠다고 한다면 원력이 된다. 쉽게 말해, 이기적인 마음을 빼고, 이타적으로 무엇인가를 바라고 구하게 될 때, 더 큰 힘을 발휘한다는 뜻이다.

그런데도 우리는 자꾸만 '더하려' 한다. 새로운 목표, 새로운 자격, 새로운 물건 등. 즉, '내 것'을 더 채우려 한다. 하지만 지금까지 살아보니 그보다 중요한 것은 무엇을 내려놓을 것인가에 대한 고민이었다.

그리고 이기적인 욕망을 비우고, 타인을 위한 마음을 키우는 과정에서 더 가벼워지고, 더 큰 행복을 느낄 수 있었다.

한 예로, 직장인이자 주부인 나는 냉장고에 음식 재료를 가득 채우는 저장 강박증을 지니고 있었다. 식료품이 부족하면, 필요할 때 불편하지 않을까 하는 불안감 때문에 우리 집 냉장고는 항상 가득 차 있었다. 여기에는 바쁘다는 핑계도 한몫했다. 이에 따라 유통기한이 지난 음식들이 수없이 버려졌다. 그러던 어느 날, 심각성을 인지한 나는 냉장고 비우기에 돌입했다. 그랬더니 뜻밖의 결과가 나타났다. 더 신선한 재료로 요리를 할 수 있게 되었고, 전기세까지 절약된 것이다.

"비우는 만큼 가벼워진다."라는 말을 체감하는 순간이었다.

그 이후, 나는 '언젠가는 필요하겠지.', '지금은 아니지만 사용할 때가 있을 거야.'라며 스스로를 설득하며 쥐고 있던 것들을 하나씩 내려놓기 시작했다. 물론, 오랜 습관이 몸에 배어 있어 쉽지는 않다. 그래서 지금도 조금씩, 덜어내는 연습을 이어가고 있다.

이지영 정리 컨설턴트도 "공간을 채우기 이전에 비움이 훨씬 더 중요하다."라고 말했다. 비워야만 필요한 요소들로 재배치하여 아름답고, 편리하게 물건의 제자리를 찾아줄 수 있다는 의미다. 그런데 비움이라고 해서 단지 사물에 국한된 이야기가 아니다. 결국, 나 자신을 덜어내는 일이기도 하다.

많은 사람이 아침에 출근해서 퇴근하기까지 수많은 일을 해결하고 있다. 거기서 끝이 아니다. 집안일을 비롯해 배우고 싶은 강좌, 모임, 경조사 등 여러 스케줄이 촘촘히 기다리고 있다. 당연히 하루를 마무리할 즈음이면 파김치가 되기 일쑤다. 그러나 이대로는 문제가 있다. 우리의 체력에는 한계가 있기 때문이다. 그렇다면 어떤 해결책이 있을까? 그건 다름 아닌 지금 당장 하지 않아도 될 일을 빼내는 것이다.

나도 이 작업을 했다. 솔직히 익숙하지 않은 일이라 망설여졌지만, 괜한 염려였다. 미룬다고 해서, 거절한다고 해서 큰 문제가 생기지 않았으니까. 오히려 나를 위한 틈이 생겼다. 그러자 문득 예전에 도자기 공방에 방문했을 때가 떠올랐다. 당시에 도예 체험을 했는데, 처음엔 질척하고, 형태가 없는 진흙 덩어리가 손으로 빚어내는 동안 하나의 모양으로 갖추어지는 걸 지켜볼 수 있었다. 그 과정은 다듬고, 덜어내고, 다시 채우는 반복이었다.

삶도 마찬가지가 아닐까 한다. 잘 덜어낸 후에야 진짜 필요한 부분을 채울 수 있다. 이와 관련한 몇몇 사례가 있다. 먼저 맡은 일을 묵묵히 해내는 선배 이야기다.

그는 중요한 일보다 반드시 하지 않아도 될 일들로 지쳐갔다. 그런 그에게 한 상사가 "일의 우선순위를 정하고, 덜어낼 건 덜어야 해요. 다 하려고 하면 정작 중요한 걸 놓쳐요."라는 말을 해줬다고 한다. 그 때부터 그 선배는 과감히 불필요한 업무를 줄이고, 집중해야 할 일을 선택해서 진행했다고 한다. 메일을 덜 읽고, 회의에서 말을 아끼며, 문서를 줄였다. 그 결과, 일이 명확해지고, 효율이 높아졌다. 현재 나도 그 영향을 받아 이메일을 삭제하고, 파일을 정리하는 작은 빼기를 실천 중이다.

사진에서도 같은 교훈을 얻었다. 사진 동아리에 갓 가입했을 무렵, 선배에게서 "사진은 빼기의 예술이야. 초점을 맞출 대상만 남기고, 나머지는 비워야 해."라는 얘기를 들었다. 처음엔 무슨 말인지 몰라서 모든 피사체를 담으려고 했다. 산만한 결과물이 만족스럽지 않아서 선배의 말을 상기하고, 노점 상인의 손, 거스름돈을 건네는 순간과 같이 단 한 장면만 포착했다. 그제야 사진이 살아났다.

돌아보면 삶도 그렇다. 덜어낼수록 더 선명해졌다. 집착을 내려놓자 집중력이 생겼고, 관계를 정리하니 감정 소모도 줄었다. 물건을 덜어내니 공간이 숨쉬기 시작했다.

북아프리카의 원주민들은 원숭이를 잡을 때 조롱박을 이용한다고 한다. 작은 구멍 안에 열매를 넣고 기다리면, 원숭이는 그 열매를 잡은 채 손을 빼지 못한다. 놓기만 하면 빠져나올 수 있는데, 욕심이 그걸 허락하지 않는다. 우리도 그렇지 않을까? 무언가를 쥐고 있는 우리의 마음이 어쩌면 우리 자신을 가두고 있는지도 모른다. 《어린 왕자》를 쓴 생텍쥐페리도 말했다.

"완벽함은 더 이상 더할 것이 없을 때가 아니라 더 이상 뺄 것이 없을 때 도달한다.”

　채우기보다는 덜어내는 마음으로 하루를 시작해 보자. 내가 경험해 보니 덜어낼수록 삶은 더 선명해졌다. 그리고 그 안에서 진짜 중요한 것들이 빛났다.

02_이제는 너그러워질 시간

"인생 너무 애쓰지 마라."

아버지가 내게 마지막으로 남긴 한마디다. 살다 보면 문득, '이렇게까지 해야 하나?', '조금 느슨해져도 괜찮지 않을까?' 싶은 순간이 찾아온다. 그럴 때면 마음속에서 아버지의 유언이 조용히 피어오른다. 아마도 아버지는 무엇이든 잘 해내고 싶어서 애쓰던 내 마음을 오래전부터 들여다봤던 듯하다.

인간의 욕심은 끝이 없다. 하나를 마치면 또 다른 하나가 기다리고, 잘하려는 마음은 어느새 스스로를 몰아세우는 칼날이 되곤 한다. 특히, 현대사회를 살아가는 우리는 늘 '잘해야 한다.'라는 무언의 압박 속에서 생활하기에 그 강도는 더 심하다. 못하면 눈치 보이고, 최선을 다했음에도 성과가 나지 않으면 좌절하게 된다.

그런데 정말, 꼭 잘해야만 할까? 못 하면 지금까지의 모든 노력이 물거품이 되는 걸까? 아니다. 결과에 목을 맬수록 더 무리하게 되고, 그 무리는 마음의 짐으로 변해 나를 짓누른다는 사실을 알게 된 후로 아버지가 남긴 말이 위로를 넘어선 인생의 이정표가 되었다. 그래서일까? 이제는 과정 중에 누군가 건네는 따스한 격려가 더 의미 있게 다가온다. 그저 열심히 했다는 이유만으로, 나를 바라봐 주는 눈동자가 있는 것만으로 충분함을 배우는 중이다.

꽃을 좋아해 한번은 수레국화, 데이지, 코스모스, 양귀비, 구절초, 개망초 등 여러 꽃씨를 한꺼번에 심은 적이 있다. 결과는 어땠을까? 대참사였다. 그해에 피어난 꽃이 몇 되지 않은 것이다. 자연을 사랑한다고 말하면서도 정작 그 흐름에는 너무 무지했던 나였다. 자연 앞에서도 어설픈 욕심만 내비친 셈이다.

뒤늦게 알고 보니 꽃들에게는 해갈이 시간이 필요했다. 꽃들은 이를 통해 자신만의 리듬을 찾는데, 자연의 변화에 따라 스스로를 조절하고, 적응하는 과정을 거친다. 쉽게 말해, 비가 내린 후, 햇살을 받아들이며 생기를 되찾고, 다시 한번 피어나는 데 필요한 에너지를 모으는 것이다. 마치 가끔은 버겁고, 또 가끔은 벅차지만, 결국엔 내 방식대로 나아가는 삶을 엿보는 듯하다.

이러한 꽃은 서로 경쟁하지 않는다. 서로를 밀어내지 않고, 제 속도로 피어난다. 그저 바람이 부는 대로, 햇빛이 드는 만큼 자기 자리를 지키며 피어날 뿐이다. 또 지는 순간마저도 우아하게 받아들이며, 다음 생명을 위한 준비를 한다. 이 사실이 왠지 모르게 마음을 울린다. 동시에 내가 누군지, 어떤 이름으로 불리든지, 결국 나는 나일 뿐이라는 깨달음이 찾아온다. 그래서 감성 멘토, 아로마테라피스트, 교류분석전문상담사 등 나에게 붙은 여러 호칭이 있지만, 이 이름들이 나를 정의하지는 않기에 그저 내가 사랑하는 대상들 사이에서 숨 쉬며, 천천히 살아가고 싶다.

이런 꽃의 모습과 나의 심정을 잘 표현한 시 한 편이 있다.

너, 너무 잘하려고 애쓰지 마라.
오늘의 일은 오늘의 일로 충분하다.
조금쯤 모자라거나 비뚤어진 구석이 있다면
내일 다시 하거나 내일
다시 고쳐서 하면 된다.

−나태주, 〈너무 잘하려고 애쓰지 마라〉 중에서

이 시는 읽을 때마다 따뜻하다. 무언가를 완벽히 해내고자 쥐고 있었던 내 두 손을 조금은 내려놓게 해주는 덕분이 아닐까 한다. 이에 '애씀'이라는 짐을 지고 있는 이 시대의 많은 영혼에게 이 글이 잠시라도 숨을 고를 수 있는 쉼이 되기를 바란다.

그렇다고 내가 완벽하다는 얘기는 아니다. 여전히 계획했던 일을 다 해내지 못하는 날도 있고, 예상치 못한 실수로 마음이 무너지는 날도 있다. 그런 가운데서도 지금까지 견뎌낸 나 자신이 참 기특하다. 더욱이 나는 모든 순간에 나름의 최선을 다했으니까. 따라서 이제는 나 자신에게도 조금 너그러워져도 되지 않을까 한다. 그리고 당신도 오늘 하루, 할 수 있는 만큼을 다했다면 그 자체로 괜찮다고, 그걸로 충분하다고 말해주면 좋겠다. 그렇게 우리도 잠시 쉬고, 다시 피어나는 법을 배워야 한다. 완벽하지 않아도 괜찮다. 그 불완전함 속에서조차 우리는 충분히 아름다우므로.

내가 늘 자연을 바라보는 이유가 여기에 있다. 흔들리면 흔들리는 대로, 햇살이 닿으면 그 온기를 품고, 비가 내리면 그 젖음을 받아들이며, 내 계절을 살아가기 위해서다.
"괜찮아, 그것만으로도 충분해."라고 속삭이며.

03_나의 뿌리를 선택할 권리

어느 날, 문득 이런 생각이 들었다.

'나는 왜 이렇게 쉽게 흔들릴까?'

작은 일에도 감정이 출렁이고, 타인의 말 한마디에 상처를 받고, 예상치 못한 일 앞에서 갈피를 잡지 못할 때가 많아 생긴 고민이었다. 더 단단해지고 싶었지만, 바람이 불 때마다 흔들리는 나였다. 그러다 어느 순간 깨달았다. 중요한 건 흔들리지 않는 게 아니라 흔들리더라도 다시 중심을 잡는 것임을. 그때부터 나는 흔들릴 때마다 '뿌리'를 떠올렸다. 땅속 깊이 뿌리를 내린 나무처럼 내 안에 단단한 뿌리를 만들고 싶었다.

나무가 단단해 보인다고 해서, 뿌리까지 온전한 것은 아니다. 보이지 않는 땅속에서 상처 입은 뿌리는 겉으로 드러나지 않지만, 뿌리는 안다. 자신이 얼마나 깊이 아팠는지를. 나도 그랬다. 단단하게 서 있다고 믿었는데, 어느 순간 내 안의 뿌리가 흔들리고 있었다. 보이지 않는 곳에서 한 말들과 누군가의 입에서 시작되어 익명의 그늘 속에서 퍼져

나간 이야기들 때문이었다. 그것들은 마치 땅속 깊이 스며든 독처럼 내 뿌리를 갉아 먹고 있었다.

보이지 않는다고 해서 없어진 것이 아니었다. 오히려 그 익명성이 상처를 더 깊게 만들었다. 누구인지도 모르는 말들이 내 존재를 흔들었고, 한동안 그 늪에서 빠져나오지 못했다. 그러나 시간이 흐른 지금은 분명히 안다. 어떤 뿌리든 상처 입은 부분을 감싸며 다시 자라난다는 사실을 말이다. 나무는 상처 입은 부분을 스스로 감싸면서 더 단단해진다. 나는 이를 경험했다. 그래서 '바람을 막을 수는 없지만, 바람을 견디는 힘을 기르자.'라고 다짐했다. 그 순간, 고등학생 때 읽었던 앤서니 라빈스의 《네 안의 잠든 거인을 깨워라》에서 읽었던 구절이 기억났다.

"성공의 비결은 고통과 쾌락에 휘둘리지 않고, 그것을 이용하는 방법을 배우는 것입니다. 그렇게 하면 자신의 삶을 통제할 수 있습니다. 그렇지 않으면 삶이 당신을 통제합니다."

환경에 따라 흔들리거나 누군가의 평가에 기뻐하고, 작은 비판에도 움츠러들거나 실패 앞에서 쉽게 주저할 필요가 없음을 일깨워 준 책이었다.

나의 다짐과 이 문장이 나에게 큰 힘이 되어주었다. 그렇다고 바람이 불 때 흔들리지 않은 건 아니다. 다만, 예전처럼 뿌리째 흔들리지는 않았다. 그랬다. 환경이 나를 통제하도록 둘 것인지, 내 삶의 전반을 통제할 것인지는 내 선택에 달려 있었다. 그게 바로 뿌리의 역할을 해주었다. 이쯤에서 당신을 지탱하는 뿌리가 무엇인지 물어보고 싶다. 물론, 많은 사람이 본인이 무엇을 의지하며 살아가는지 깊이 생각해 볼 기회가 많지 않다. 이에 나는 상담을 진행하면서 SWOT 분석을 해 보라고 권유한다. 이는 자신의 강점(Strength), 약점(Weakness), 기회(Opportunity), 위협(Threat)을 분석하는 방법이다. 쉽게 말해, 내가 가진 장점과 약점은 무엇인지, 그리고 나를 성장시킬 수 있는 환경과 나를 위협하는 요소는 무엇인지 돌아보는 과정이다. 이번 기회에 아래 4개의 질문을 던져보자.

① 내가 가진 가장 큰 장점은 무엇인가?
② 나는 어떤 부분에서 쉽게 흔들리는가?
③ 나를 성장시킬 수 있는 환경이나 자원이 있는가?
④ 나를 위태롭게 만드는 요소는 무엇인가?

이 질문을 곰곰이 생각해 보면, 내가 진짜 의지할 수 있는 뿌리가 무엇인지 발견하는 데 도움이 된다. 그것이 꿈이든, 신념이든, 사랑하는 가족이든, 혹은 단순한 하루의 루틴이든 상관없다. 핵심은 그것이 깊이 자리 잡고 있어야 한다는 것이다. 그래야 어떤 바람이 불어도 다시 중심을 찾을 수 있다.

당신의 뿌리는 무엇인가? 혹시 지금 흔들리고 있다면, 당신을 단단하게 지탱해 줄 뿌리를 더 깊이 내려야 할 때인지도 모른다. 하지만 현실은 쉽지 않다. 삶의 무게는 예상보다 무겁고, 바람은 생각보다 거세다. 때때로 모든 것이 나를 시험하는 것처럼 느껴진다. 어려운 순간이 닥칠 때마다 흔들리고, 지쳐 쓰러지고 싶기도 하다.

이렇게 뿌리 이야기를 하다 보면 나는 다산 정약용이 떠오른다. 그는 유배 중에도 18년 동안 500여 권의 책을 썼다. 혹독한 환경에서도 학문을 탐구했고, 자신의 길을 잃지 않았다. 이런 그의 삶은 내게 이런 메시지를 남겼다.

"우리가 어떤 상황과 마주할지는 선택할 수 없지만, 그 상황 속에서 무엇을 배우고 이루느냐는 우리의 선택이다."

사람에게 뿌리란 무엇일까? 나는 그것이 내면의 깊이와 연결된다고 생각한다. 돈과 성공을 거두었음에도 극심한 공허감을 느끼는 사람이 있는가 하면, 소박한 삶을 살아도 내면이 단단한 사람은 흔들리지 않는 모습을 보면 느껴진다. 이러한 이유로 나는 조용한 저녁마다 노트를 펼쳐 작은 생각들을 적어나간다. 내면의 뿌리를 기록하고 다지며, 하루를 살아가는 셈이다. 덕분에 바람이 불어도 흔들릴지언정 쓰러지지는 않는다는 확신이 있다. 심지어 이렇게 읊조릴 힘도 생겼다.

"흔들려도 괜찮아. 이 바람이 지나가면, 나는 더 단단한 나무가 되어 있을 테니까."

04_내일의 나에게 보내는 격려

아침 출근길, 차창에 어리는 풍경이 한 편의 오래된 필름처럼 스쳐 지나간다. 회색빛 도로 위를 무표정하게 걸어가는 사람들, 붉은 신호 앞에 일렬로 멈춰 선 차들, 간판 불빛이 아련하게 깜빡이는 작은 가게들. 이렇게 어제와 다름없는 모습으로 또 하루가 시작되는구나 싶다.

출근과 함께 인사도 나누지만, 진짜 먼저 나를 맞이하는 건 빼곡한 일정과 오늘의 할 일들이다. 하루가 시작됐다는 신호처럼. 가볍게 내쉰 한숨 위로 커피 한잔을 얹고, 하루의 리듬을 천천히 맞춰간다. 그러다 점심시간이 되어서야, 오늘의 하늘이 유난히 맑다는 것을 알아차린다. 그러면 이런 생각이 절로 든다.

'나는 지금, 시간을 보내고 있는 걸까? 아니면 삶을 채우고 있는 걸까?'

그럴 때마다 나는 나에게 작은 메모를 남기고 싶다.

내일의 나에게

안녕, 나는 어제의 나야.

오늘의 나는 조금 바쁘지만,

그래도 괜찮은 하루를 보내고 있어.

네가 지금 이 글을 읽고 있다면,

아마 또 하루를 잘 버텨낸 거겠지?

그렇다면 다행이야.

오늘 하루도 의미 없는 날은 아니야.

작은 변화 속에서 성장하고 있으니까.

일상은 언제나 같아 보여도, 아주 작은 곳에서 변화가 시작되고 있음을 안다. 또 그 변화를 내가 시도해 볼 수도 있다. 가령, 출근길에 늘 듣던 음악을 다른 곡으로 바꿔본다든지, 익숙하지 않은 골목의 카페에서 새로운 향기를 마셔본다든지, 스쳐 지나치던 나무 한 그루에 눈길을 준다든지. 이 작은 움직임들이 삶의 결을 조금씩 풍성하게 만든다.

한번은 퇴근길, 길가에 피어 있던 작은 꽃 하나에 발걸음을 멈추었다. 수없이 오가면서도 눈길조차 주지 않던 그 존재가 그날따라 유독 눈에 들어왔다. 하루를 다 써버린 마음 위에, 소박한 아름다움이 조용히 내려앉았다. 그리고 내일의 나는 이런 장면을 더 잘 알아보는 사람이면 좋겠다는 소망도 품게 되었다. 목적지에 도달하는 것도 중요하지만, 그 여정 속에서 피어나는 작고 따뜻한 순간들을 잊지 않기를. 그래서 또 내일의 나에게 당부하게 된다.

내일의 나야, 몸도 마음도 잘 챙기고 있니?

가끔은 달콤한 슈크림빵도, 좋아하는 떡볶이도 괜찮지만,

매일 그런 기쁨만 따라가다 보면 몸이 먼저 지쳐버릴 거야.

오늘은 피곤해서 운동을 쉬었다면, 내일은 다시 시작하자.

건강한 몸과 마음이 있어야 너도 너 자신을 더 사랑할 수 있어.

우리는 흔히 '더 나은 내일'을 위해 오늘을 소모하곤 한다. 하지만 더 나은 내일을 만드는 건 거창한 계획이 아니라, 오늘 하루의 태도와 작은 실천들이다. 회사에서 받은 스트레스를 혼자 삼키지 말고, 가끔은 동료와 나누고, 힘든 순간에는 자신을 다독여 주자. 그리고 무조건 참는 것이 미덕이 아니라 적절한 휴식과 균형이 필요하다는 점도 기억하자.

하루는 거울 속의 나를 천천히 바라보았다. 그랬더니 이마에는 언제 생겼는지도 모르는 얇은 주름이 자리 잡고 있었고, 한결같다고 믿었던 얼굴선에도 시간이 스며들고 있었다. 나도 모르게 "어느새 이렇게 변했을까?"라는 말이 절로 나왔다. 하지만 조금 더 바라보니, 그 변화가 나쁘지만은 않았다. 살아온 세월만큼 얼굴에 이야기가 새겨져 있었으니까. 기쁨과 슬픔, 성취와 후회, 설렘과 아쉬움이 모두 스며있었다. 그건 내가 걸어온 시간이자, 나를 만들어온 과정이었다. 늘 같은 자리에서 같은 하루를 보내는 것 같았지만 아니었음을 깨달았다. 또 오늘의 나와 내일의 내가 같은 사람일지라도 눈빛이 조금은 더 깊어지리라는 믿음도 생겼다. 그 깊이에는 하루하루가 쌓인 시간이 고스란히

담길 테니까.

삶은 끊임없이 변한다. 그러나 그 변화를 어떻게 받아들이느냐는 우리의 선택이다. 예전엔 실패가 두려웠지만, 지금은 실패조차 내 일부가 되었음을 안다. 타인의 시선을 지나치게 의식했지만, 이제는 나만의 속도로 걷는 데에 더 큰 가치를 둔다. 한때는 '나는 왜 이렇게 뒤처질까?'라는 고민에 자주 흔들렸지만, 이제는 "나는 나의 길을 걷고 있다."고 당당히 말할 수 있게 되었다.

물론, 매일 같은 자리에 있는 듯해 답답하게 느껴질 때도 있지만, 분명한 건 우리는 매일 조금씩 달라지고 있다. 그리고 이 사실을 내일의 나에게 알려줄 필요도 있다. "너의 속도는 괜찮아. 남과 같을 필요는 없어. 중요한 건 네가 너의 방식대로 조금씩 앞으로 나아가고 있다는 거야."라고 말이다.

사람은 후회하며 살아가는 존재라고 한다. 그러나 너무 많은 후회는 나를 지치게 한다. 돌아보면 그토록 괴로웠던 순간도 결국 지나가고, 우리는 살아남았다. 바람 같던 시간 속에서도 성장했고, 견뎌냈다. 그러니 내일의 나는 오늘보다 나에게 조금 더 너그러웠으면 좋겠다. 실수에 주저앉기보다, 가볍게 털고 일어나 스스로의 등을 토닥여 주자. 결국, 가장 오래 곁에 남아줄 사람은 나 자신이니까.

가수 민해경의 〈내 인생은 나의 것〉 가사가 귓가를 맴돈다.

"내 인생은 나의 것 나는 모든 것 책임질 수 있어요."

그래, 내 인생은 내 것이다. 즉, 내가 책임지고 성장해야 한다는 뜻이다. 단순한 외침이 아니라, 매일의 선택으로 그 말에 진심을 더해야 한다. 그래서 오늘도 나는 내일의 나에게 말한다.

오늘의 작고 조용한 선택들이
내일을 만들어갈 거야.
매일 조금씩 더 진심을 다해 살아가자.
그 하루들이 모여,
결국 너라는 삶이 될 테니까.

05_채우고 비워내는 일상의 핑퐁 게임

우리는 하루에도 수없이 채우고 비운다. 숨을 들이쉬고 내쉬듯, 감정을 담고 흘려보내듯, 그렇게 채움과 비움이 반복되는 리듬 안에서 살아간다. 아침이면 머릿속은 해야 할 일과 주변 사람들에게서 듣는 이야기, 오늘의 나를 채우는 감정으로 분주해진다. 그리고 밤이 되면 조금씩 내려놓는다. 어두운 방, 낮은 숨소리, 느릿한 호흡 속에서 마음도 천천히 가라앉는다. 삶은 어쩌면 거대한 핑퐁 게임일지도 모른다. 너무 많이 채우면 넘치고, 너무 많이 비우면 텅 빈다. 그 사이, 어딘가에서 우리는 중심을 잡고 살아간다.

나도 한때는 꽉 채우는 삶을 살았다. 인정받고 싶어서, 좋은 사람이 되고 싶어서, 내가 내 삶을 쥐고 있다는 확신이 필요해서. 그런데 어느 순간부터 손에 들고 있던 것들이 무거워졌다. 손끝이 저리고, 마음이 답답해졌다. 쥐고 있다는 안도감보다 쥐고 있기 위한 불안감이 더 커진 탓이다.

어릴 적엔, 속상할 때 잠을 잤다. 아무 말 없이 조용히 이불을 뒤집어쓰고, 눈을 감았다. 이상하게도 자고 일어나면 마음이 조금은 가벼워졌고, 어떤 일들은 아예 잊히기도 했다. 그땐 몰랐다. 잠이 단순한 휴식이 아니라 마음속 깊은 곳을 정리하는 시간임을.

깊은 수면 중, 뇌는 불필요한 감정을 걸러내고 기억을 정리한다고 한다. 마치 서랍을 정리하듯, 머릿속도 그렇게 비워낸다. 그러고 나면 우리는 다시 새로운 마음으로 하루를 시작할 수 있게 된다. 하지만 어떤 감정은 잠으로도 내려놓을 수 없다. 그럴 땐 나는 그저 멍하니 있다. 아무것도 하지 않는 시간이 필요하다는 걸 느껴서다.

멍때리기 대회라는 게 있다. 참가자들은 90분 동안 그저 가만히 있기만 하면 된다. 대화도, 핸드폰도 하면 안 된다. 그런 상태에서 가장 안정적인 마음 상태를 유지하는 사람이 우승한다. 이 대회를 취재한 영상을 본 적이 있다. 그 장면을 통해 아무것도 하지 않는다는 게 정말 어려운 일임을 깨달았다. 참가자들의 표정만으로도 그 사실이 그대로 전해졌기 때문이다. 경험상 가만히 있으려 하면 잡생각이 몰려오고, 심지어는 '내가 지금 뭐 하고 있는 거지?'와 같은 불필요한 질문도 떠오른다. 늘 무언가를 해야 한다는 압박 속에 살아가는 우리에게 '그냥 있기'란 쉽지 않은 일임은 분명하다.

그러나 이런 과정을 통해 우리는 비움이 단순한 멈춤이 아니라 내면을 돌아보는 과정임을 깨닫게 된다. 비움은 단순히 내려놓는 것이 아니라 진짜 중요한 것이 무엇인지 되묻는 시간이다. 끊임없이 달리기만 하면 잃기 쉬운 방향을, 가끔은 멈춰 서서 확인하는 것이다. 아무것도 하지 않는 시간이 사치처럼 느껴지는 세상이지만, 어쩌면 그 시간이야말로 가장 가치 있는 순간일지도 모른다.

공자는 "과유불급"이라 했고, 노자는 "비움으로써 채운다."라고 했다. 넘치는 것은 모자람과 같고, 내려놓음은 또 다른 채움이라는 뜻이다. 바쁜 일상에서 이 고전의 문장들은 여전히 현재를 관통한다. 더 많은 것을 가지는 데서 여유를 얻는 것이 아니라, 더 많은 것을 덜어내는 데서 진짜 여유를 얻으니까.

사람은 태어날 때 두 손을 꽉 쥐고 태어나지만, 떠날 땐 손을 펴고 간다고 한다. 모든 걸 쥐고 살다가 결국엔 다 내려놓고 간다는 말이다. 내려놓아야 보인다. 먼지가 닦인 창문 너머 풍경처럼, 텅 빈 밤하늘 속 반짝이는 별처럼. 생각과 감정의 흐름도 마찬가지로 균형이 필요하다.

나도 한때는 이 균형을 잃고 복잡한 생각에 잠긴 적이 있다. 그즈음, 지인 K가 들려준 이야기가 있다. 그는 얼마 전, 중요한 프로젝트를 맡아 모든 걸 완벽히 해내고 싶었다고 했다. 그래서 혼자 모든 걸 짊어지고 진행했더니 실수도 많아지고, 결국 지쳤다고 한다. 그러던 중 누군가 이렇게 말해줬단다.
"너무 꽉 채우려 하면 오히려 무너질 수 있어. 중요한 것만 남기고 덜어내는 게 더 효과적이야."

이 말을 들은 뒤로 조금씩 내려놓으면서, 함께 나누고, 맡기니 일이 훨씬 수월해짐은 물론, 좋은 성과를 얻게 되었다며 환하게 웃었다.

K의 경험을 들으며, 문득 '많은 사람이 완벽함을 추구하며 스스로를 몰아붙이지만, 정작 중요한 것들을 놓치고 있는 건 아닐까?'라는 생각이 들었다. 결국, 무엇을 더 채우느냐가 아니라, 무엇을 남기고 무엇을 비울 것인가를 아는 게 지혜가 아닐까 한다.

요즘 나는 이 기준을 바탕으로 내 삶에서 비움을 연습하고 있다. 오래된 물건을 정리하고, 필요 없는 감정을 놓아주고, 기대와 집착을 조금씩 내려놓는다. 그리고 억지로 붙잡고 있던 인연을 놓아보니, 오히려 소중한 이들과의 연결이 더 깊어졌다. 덕분에 천천히 가는 걸 두려워하지 않게 되었다. 심지어 숨 가쁘게 달리기보단, 잠시 멈춰 보는 쪽을 선택한다. 그 속도가 내 삶을 지켜주는 걸 아니까.

비움은 고립이 아니라, 나를 위한 공간을 여는 따뜻한 행위다. 그 빈자리에 바람이 지나고, 빛이 스며들며, 마음속 작은 여백이 숨을 쉰다. 이 비움이 익숙해지면, 내면의 소리에 귀 기울일 수 있는 만큼, 불필요한 걱정에도 흔들리지 않게 된다.

당연히 채움도 필요하다. 그러나 비움이 없는 채움은 짐이 되고, 채움이 없는 비움은 공허하다. 그러니 핑퐁 게임을 하듯 가볍게 채우고, 비우며 살아가 보자. 그 균형 속에서 진짜 여유와 행복을 찾길 바란다.

06_나를 속이는 삶에서 벗어나기

하루를 살아가며, 진짜 나를 바라보는 순간이 얼마나 있을까. 나는 보통 양치질을 하며 나를 마주한다. 거울 앞에 서면, 얼굴보다 마음이 먼저 비친다. 그 안엔 지나간 시간과 오늘의 일들 그리고 다가오는 미래가 고요히 포개져 앉아 있다. 웃고 있는 표정 너머, 거울 속 나는 어김없이 상처 하나쯤 품고 있다. 그럴 때면 문득, 마음속에서 이런 생각이 스친다.

'그럴 때마다, 마음도 세수하듯 매일 씻어낼 수 있다면 얼마나 좋을까.'

진실이라는 거울 앞에 나를 온전히 비추고 싶은 마음도 든다. 그래서 나는 그저 말없이 다독인다.

"괜찮아. 잘 버텼어. 여기까지 온 것도 너니까."

이렇게 마음을 들여다보면, 종종 낯선 나와 마주친다. 기쁜 일은 자랑하고 싶고, 실수엔 변명이나 핑계를 대고 싶어지는 나. 아마 지금도 그 버릇은 여전히 내 안에 있을지도 모르겠다.

마음공부란, 그런 나를 속이지 않는 데서 시작된다고 한다. 자기를 속이면 결국 자신과의 갈등이 생기고, 그 번민은 마음의 평온까지 잠식해 버린다고. 그래서 깨어 있으라는 말은, 타인의 시선이 아니라 자신의 목소리에 귀를 기울이라는 뜻일지 모른다..

개인적으로 "야들아!"라는 경상도 말투를 좋아한다. 이를 표준어로 하면 "얘들아!"가 된다. 이 말을 들으면 떠오르는 사람이 있다. SNS로 알게 된 친구인데, 스스로 '쨍쨍'이라고 부른다. 그런 그녀는 삶을 여행으로, 여행을 삶처럼 살아가고 있다. 게다가 65세의 나이에 비키니를 입고, 네일 모델까지 하고 있으니 놀라울 따름이다. 무엇보다 이런 모습을 통해 나에게 '나 자신을 찾는 법'을 일깨워주는 고마운 사람이다.

그녀가 발행하는 콘텐츠에는 이런 이야기가 주를 이룬다.

"우리는 모두 인생이라는 무대 위의 모델이라꼬. 부러워할 것 없다. 그 무대에서 마음껏 너희를 드러내 봐라. 니 마음대로.", "현실이 힘들어도, 괜찮다. 지금을 잘살면 되는 기다.", "야들아, 오늘 하루 수고 많았데이."

이렇게 한마디 툭 던지고는, 꽃 한 송이를 머리에 꽂고 하늘을 보며 춤을 춘다. 다소 엉뚱하고 이상하게 여겨질 수도 있지만, 그녀는 스스로를 사랑하는 방식으로 행복을 전염시키고 있다.

생각해 보면 나도 언젠가 배꼽이 아플 정도로 웃던 시절이 있었다. 그런데 언제부턴가 그 웃음이 흐려졌다. 그래서 쨍쨍을 만나 크게 웃고 싶다는 생각이 든다. 아무래도 그 환한 웃음으로 돌아가고 싶은가 보다. 나를 더 사랑해 주고 싶은가 보다.

그럼, 무엇부터 시작하면 좋을까? 여기에 가벼운 대답을 준 사람은 연예인 홍진경 씨였다. 예능에서 늘 웃음을 주는 그녀가 말했다.
"사람들이 날 우습게 볼지도 몰라요. 하지만 전 그런 거에 신경 안 써요."
그리고 이어진 그녀의 말이 오래 남는다.
"남한테 보이는 것보다 매일 베고 자는 베개의 촉감, 입을 대고 마시는 컵의 디자인, 내 방의 정리정돈 같은 것에서 자존감이 싹트는 것 같아요. 그건 나만 아는 소소함이지만, 그 소소함이 나를 지켜줘요."

남들은 모르는 오직 나만을 위한 작은 습관. 영양제 챙겨 먹기, 운동하기, 따뜻한 밥 한 끼 등. 하루 이틀 빠진다고 해서 별일이 생기지는 않지만, 그 작은 차이가 시간이 쌓이면 삶의 결을 다르게 만든다는 걸 이제야 조금씩 배운다.

직장도 다르지 않다. 알아주는 이 없어도 묵묵히 하는 사람, 눈에 띄지 않는 디테일을 챙기는 사람. 그런 사람은 결국 빛이 나기 마련이다. 진짜 실력은 단순한 평가보다 습관과 꾸준함, 자신만의 기준에서 만들어지는 법이니까.

그렇다면 우리는 왜 이토록 다른 사람의 시선에 휘둘릴까? 좋은 말엔 들뜨고, 나쁜 말엔 순식간에 가라앉는다. 이를 두고 예전 철학자들은 자신을 믿지 못할 때, 자신에게 솔직하지 못할 때, 타인의 판단에 흔들린다고 했다. 그래서 많은 사람이 나이가 들어 가장 후회하면서 하는 말이 "왜 나는 나답게 살지 못했을까?"인지도 모르겠다.

다른 사람을 위해 너무 많은 시간을 쏟다 보면, 자기 자신이 사라진다. 행복해지려 애쓰다 오히려 행복과 멀어지는 것이다. 만일 자기 자신이 사라진 듯하다면, 행복하지 않다면, 지금 바로 거울 앞으로 가보자. 그런 다음 나와 조용히 대화를 해보자. 이것이야말로 가장 정직한 대화다. 나를 가장 잘 아는 건 바로 나 자신이니까. 그 과정에서 누구보다 따뜻한 위로도 해줄 수 있다.

맞다. 나를 위하는 일은 크고 특별한 것이 아니다. 겨우 일어난 아침, 좋아하는 컵에 따뜻한 물을 담아 한 모금 마시는 것. 차가운 공기를 들이마시고, 따뜻한 식사를 정성껏 준비하는 것.
이 사소한 일이 조금씩 나를 회복시킨다.

잠시 눈 감고 생각해 보자. 남의 기대에 맞춰 진짜 나를 감추며 살아오진 않았는지, 그러느라 나 자신을 속이지는 않았는지. 달라지고 싶다면, 이제부터라도 연습하면 된다. 내가 나를 안아주고, 내 가치를 알아주면 된다. 그렇게 조금씩 진짜 나에게로 걸음을 옮기면 된다.

07_나답게 나만의 싹을 틔우는 훈련

작은 화분을 선물 받았다. 씨앗이 든 화분이었다. 설명서에는 "물을 잘 주고, 햇볕을 충분히 받으면 싹이 날 거예요."라고 적혀 있었다. 하루에도 몇 번씩 화분을 들여다보며, '씨앗이 언제쯤 싹을 틔울까?' 하며 기다렸다. 하지만 며칠이 지나도 싹을 틔울 기미는 보이지 않았다. 혹시 뭔가 잘못된 걸까? 물이 부족한가 싶어서 더 주고, 햇볕이 부족한가 싶어 가장 밝은 곳으로 옮겨 보기도 했다. 그래도 여전히 조용했다.

며칠이 더 흘러, 무심코 화분을 봤더니 아주 작고 여린 초록빛 하나가 고개를 내밀었다. 반가움보다 미안함이 먼저 들었다. 내가 너무 조급했던 것 같아서. 그제야 씨앗에게 가장 필요했던 건 충분한 시간이었음을 깨달았다. 또 성장에 속도가 우선이 아니라는 점도 배웠다.

그 깨달음은 어느 순간 내 기억 속 어떤 장면 하나를 끌어올렸다. 2년 전쯤, 전자책을 만들겠다며 책상 앞에 앉아 오랜 시간 자료를 모으고, 문장을 쌓아갔다. 곧 완성되리라는 기대에 들떠 있었는데, 컴퓨터가 멈췄다. 몇 번이고 껐다 켰지만, 화면은 깜깜무소식이었다. 그렇게 모두 눈앞에서 사라졌다. 글도, 자료도, 함께 쌓아온 시간도.

순간 멍해졌다. 아무 말도 할 수 없었다. 손끝은 덜덜 떨리고, 심장은 바닥까지 내려앉았다. 어딘가에 흔적이라도 남아 있지 않을까 하는 희망으로 샅샅이 뒤졌지만, 허사였다. 그날 이후, 키보드를 다시 마주하기까지 꽤 오랜 시간이 걸렸다. 무너진 마음을 다시 세우는 데에는 용기가 필요했고, 다시 시작하는 데엔 믿음이 뒷받침되어야 했다. 힘들었지만 조금씩 기억을 되짚으며, 사라진 문장을 새로 써 내려갔다. 이때 놀라운 광경을 발견했다. 내 글이 이전보다 더 깊어지고 있었던 것이다. 사라진 문장들이 새로운 방향을 안내해 주고 있음을 느꼈다. "기회는 종종 위기의 얼굴을 하고 온다."는 말을 난생처음 실감했다.

그 경험 덕분에 빨리 완성하고 싶던 마음이 멈추며, 나는 더 본질적인 나를 마주했다. 결론적으로 그 전자책은 종이책으로 바뀌었고, 운 좋게 베스트셀러라는 영광도 얻었다. 하지만 그보다 더 소중한 성과가 있다. 글이 다시 나를 단단히 잡아 주었다는 사실이었다. 잃어버린 원고는 나를 돌아보게 만든 시작점이었으니까.

세상엔 이런 경험이 많다. 영국의 역사학자 토머스 칼라일도 《프랑스 혁명》 초고를 친구의 실수로 잃었다. 모든 글이 불타 사라졌지만, 그는 다시 쓰기 시작했다. 그렇게 처음보다 더 깊은 통찰로 위대한 저

작을 남겼다. 국민 MC 유재석도 오랜 무명의 시간을 견뎠다. 조급해하지 않고, 조용히 무대를 준비했다. 누구보다 성실히, 자기만의 색을 만들며 천천히 걸었다. 그 시간이 있었기에 지금의 그가 만들어졌다는 걸 우리 모두는 알고 있다. 나 역시 다르지 않았다. 실패처럼 느껴졌던 순간들이 돌아보면 더 단단해질 수 있었던 시간이었다.

삶은 단거리 경주가 아니다. 그러하기에 서둘러 도착하기보다 어떻게 도착하느냐가 더 중요하다. 빠르게 가는 것이 아닌, 바르게 가는 길. 속도보다 방향. 이게 우리가 지켜야 할 삶의 균형일지도 모르겠다.

때로는 아무 일도 일어나지 않는 것 같고, 아무것도 달라지지 않는 날이 이어진다. 하지만 씨앗이 땅속에서 묵묵히 자라듯, 우리 안에서도 무언가 자라고 있다. 보이지 않는다고, 없는 게 아니다. 그저 각자의 속도로 싹을 틔우고 있을 뿐이다. 기다림의 시간이 때로 길게 느껴질 때도 있지만, 그 끝엔 반드시 초록빛 싹이 고개를 든다. 그건 누구도 대신 틔워줄 수 없는, 나만의 속도로 키워낸 싹이라 더 소중하다. 그러니 서두르지 않아도 괜찮다. 우리 안의 씨앗은 지금도 조용히 숨쉬며, 자랄 준비를 하고 있다.

08_서로가 서로에게 나무가 되는 세상

2020년 2월, 평범했던 하루가 단 한 통의 전화로 뒤집혔다. 몇 시간 전만 해도 늦잠을 자고, 여유롭게 커피를 마시며 주말을 보내고 있었는데, 전화벨이 울린 순간부터 세상이 달라졌다. 그 연락은 회사에서 온 긴급회의 소집 통보였다. 직장 내 코로나19 확산을 막기 위한 조치였다.

당황스러웠다. 아니, 남의 일처럼 다가왔다. 그런데 잠시 후 다시 온 연락을 받고, 사태의 심각성을 느꼈다. 담당자인 내가 가장 먼저 기숙사에 도착해야 한다는 내용이었다. 그렇게 나는 짐을 꾸릴 겨를도 없이 서둘러 길을 나섰고, 약 3주간 기숙사에 머물며 생활하게 되었다.

신종플루나 메르스 때와는 전혀 달랐다. 그때는 매뉴얼이라도 있었지만, 이번엔 아니었다. 오늘 내린 지침이 내일이면 바뀌었고, 확실했던 것도 순식간에 모호해졌다. 그로 인해 불안 속에서 지침을 되새기고, 매일 아침 스스로를 다잡으며 하루를 시작했다. 그럼에도 기숙사 생활은 녹록지 않았다. 확진자와 동선이 겹치면 다시 격리에 들어가야 했고, 공지사항이 하루에도 몇 번씩 바뀌었다. 그 안에서 나는 직원들의 상태를 확인하고, 내 마음도 달래야 했다.

그러던 어느 날, 저장되지 않은 번호로 메시지가 도착했다.
"선생님, 잘 지내시지요?"
예전에 송년회에서 스쳐 지나간 지인이었다. 잠깐의 인사였고, 길게 대화를 나눈 기억도 없었다. 그런데 그 짧은 인연을 기억하고, 나에게 먼저 손을 내밀어주었다.
"필요한 게 있으면 꼭 말해주세요."
그 한마디가 마음 깊숙이 들어왔다. 마스크를 보내주겠다는 그녀의 말보다, '내가 떠올랐다는 사실'이 더 뭉클했다. 이후에도 그녀는 짧은 안부를 남기곤 했다. "별일 없죠?", "힘내세요." 이런 그녀의 따스함으로 나는 뒤늦게 깨달았다. 언제나 내 곁에는 내가 기댈 수 있도록 나무가 되어준 사람들이 있었음을. 그들은 힘들 때마다 내 옆에 가만히 서서, 내 마음을 다 들어주었다.

그렇다고 그들이 손에 뭔가를 쥐여주는 존재는 아니다. 대신 그들이 있었기에 혼자인 듯한 나날을 견뎌낼 수 있었음은 분명하다. 또 누군가의 작은 관심이 삶에 온기를 더해준다는 것도 알게 되었다. 나도 이렇게 나무 같은 사람이 되고 싶다. 말로 위로하기보다, 먼저 안부를 묻고, 그냥 들어주는 그런 사람.

이런 마음을 먹고 있던 차에 한 후배가 SNS에 힘들다는 글을 올렸다. 그냥 지나칠 수 없었던 나는 짧게, "오늘 하루, 잘 보냈어요?"라고 물었다. 그런데 마치 그 질문을 기다렸다는 듯이 길고 긴 답장이 돌아왔다. 그래서 "잘하고 있으니 괜찮아요."라고 했더니, 의외의 피드백이 왔다. "마음이 따뜻해졌어요."라고. 괜스레 미소가 났다.

얼마 전엔, 한 모임에서 서로 힘들었던 순간을 나누었다. 모두 각자의 고비를 지나왔지만, 신기하게도 비슷한 고백을 했다.
"그때, 곁에 있어 준 사람이 있어서 버틸 수 있었어요."
그 말을 들으며 생각했다.
'멘토링도, 나무가 되는 일도 결국 같은 일이 아닐까.' 하고 말이다. 그리고 곁에 있어 주고, 그늘이 되어주고, 지혜와 경험을 나누는 일이 다시 누군가에게 이어지고, 또 다른 누군가의 삶에 작은 빛이 되어준다는 느낌을 받았다.

아주 오래전 한 분이 두통을 갑작스레 호소했다. 그의 표정이 조금 이상했다. "많이 힘드세요?"라고 물었더니 한참을 침묵하다 겨우 입을 열었다. "요즘 너무 답답하고, 가끔 높은 데 올라가고 싶어요." 그 말을 듣는 순간, 나도 예전의 내 모습이 떠올랐다. 숨이 막히던 날들, 아무도 몰랐던 내 마음. 그런 경험이 있기에 그에게 따뜻한 차를 건네며, 천천히 이야기를 이어갔다. "어떻게 하면 조금 나아질까요?"라는 질문을 시작으로 같이 고민하며 해답을 찾아 나갔다. 그 끝에 그는 "당분간 쉬어 보려 해요."라는 답을 내놓았다.

그로부터 몇 달 뒤, 그는 훨씬 밝은 얼굴로 다시 문을 열고 들어왔다. 만일 그날, 그 한마디를 놓쳤다면 어떻게 되었을까? 당연히 내가 대단한 일을 했다고 생각하지 않는다. 그저 잠시 멈추어 그의 이야기를 들었을 뿐이다. 하지만 누군가에게 나무가 될 수 있었던 그 순간이, 나에겐 참 기쁜 기억으로 남아 있다.

이처럼 말 한마디, 눈길 한 번, 작은 행동 하나가 누군가에게는 긴 하루를 견디게 하는 따스한 햇살이 될 수 있다. 그렇다면 우리는 이미 누군가의 나무가 되어가고 있는지도 모른다. 만약 당신이 누군가의 나무가 될 수 있다면, 당신은 그 누군가에게 평생 잊지 못할 사람이 될 수도 있다. 여기에는 대단한 무언가가 필요하지 않다. 그저 상대의 안부를 묻고, 그의 이야기에 귀 기울여주는 것만으로도 충분하다. 한마디로 당신이 나무가 될 기회는 얼마든지 열려있다. 혹시 또 아는가? 당신이 나무가 되어주다 보면, 당신이 흔들릴 때 또 다른 나무가 곁에 서 있을지. 세상은 이렇게 서로가 서로에게 나무가 되어주며 견디는 게 아닐까 한다.

09_지금은 내 인생을 빛내줄 한 페이지

살다 보면 한 번쯤 하게 되는 고민이 있다.

'내가 가는 길이 맞는 걸까?'

아무리 계획하고 준비해도, 삶은 예상과는 조금씩 어긋난다. 걸어가는 길엔 평지보다 비탈길이 많고, 마음은 앞서는데 발걸음은 제자리에 묶인 듯해 답답할 때가 있다. 심지어 주변을 둘러보면, 남들은 다 나를 지나 저만치 앞서 있는 것만 같다. 각자의 속도가 있고, 가는 길이 다름을 알면서도, 마음은 자꾸 흔들린다.

그래도 내가 선택한 순간부터 그 길은 곧 나의 길이 된다는 사실은 분명하다. 내가 선택한 길이 곧 나를 만든다는 뜻이다. 그 과정에서는 비교도 다그침도 없이, 오직 나만의 속도로 걸어가야 한다. 그래야 그 길이 온전히 내 것이 된다.

한때는 인생이 정해진 코스처럼 흐르는 줄 알았다. 학교를 졸업하고, 취업을 하고, 결혼을 해서 안정된 삶을 살면, '잘사는 것'이라 믿었다. 하지만 시간이 흘러 깨달았다. 세상에 정해진 삶은 없음을. 누구는 화려한 길을 걷고, 누구는 조용한 골목을 따라간다. 또 누군가는 빠르게 달리고, 누군가는 제자리에 오래 머문다. 즉, 나에게 맞는 길을 찾아가는 게 인생의 숙제다.

어느 날, 한 커뮤니티에서 이런 글을 읽었다.
"몇 년째 제자리걸음인 것 같아요. 달라진 게 없어요."
그 아래 댓글 하나가 내 마음을 붙들었다.
"당신은 지금, 뿌리를 내리고 있을지도 몰라요."
가슴이 조용히 떨렸다. 나 또한 오래도록 눈에 보이는 변화만을 성장이라 믿었다. 그러나 진짜 성장은 때로 보이지 않는 곳에서 자란다. 나만의 속도로, 나만의 방향으로.

앞쪽에서 언급한 바 있듯 2000년대 초, 금연에 대한 인식이 지금만큼 깊지 않았을 무렵, 나는 금연 캠페인을 기획했다. 누군가는 "그건 개인의 선택이지."라며 고개를 저었지만, 내 생각은 달랐다. 누군가 시작하지 않으면, 세상은 달라지지 않는다는 걸 알았기에 혼자 밤을 지새우며 자료를 정리했고, 퇴근 후엔 동료들을 설득했다. 그렇게 시작된 작은 변화는 금연 구역을 넓히고, 성과를 알리며 점점 확산되었다. 그런 내게 1년 뒤, 한 선배가 퇴직하며 이런 말을 남겼다.
"평생 놓지 못했던 담배를 놓고 퇴사하게 해주어 참 고맙습니다."
그 말 한마디가 지금도 마음 깊은 곳을 울린다. 내가 선택하여 걸어온 시간이 헛되지 않았음을 증명해 준 피드백이었으니까.

살다 보면 한자리에 오래 머무는 시간이 온다. 무언가 이뤘다는 감각도, 움직였다는 실감도 없는 나날들. 그러나 그 모든 시간은 '뿌리내리는 시간'이었다. 밖으로 가지를 뻗기보다 안으로 깊숙이 스며들며, 나를 지탱하게 해주는 힘을 키우는 시기와 마주하고 있는 것이다.

언젠가 한 후배가 찾아와 고민을 털어놓았다.
"요즘 제 삶이 너무 평범해요. 남들처럼 특별한 성취도 없고, 어디에도 속한 것 같지 않아요."
그런 그녀에게 물었다.
"지금 하는 일이 좋아?"
그랬더니 잠시 머뭇거리다가 답했다.
"좋아요. 그런데 이게 맞는지 모르겠어요."
그 마음이 너무 익숙해서 오래 바라보다가 이렇게 말해주었다.
"우리가 걸어가는 동안엔 알기 어려워. 지금은 의심스럽지만, 언젠가 돌아보면 그 길이 나를 만든 길이었단 걸 알게 될 거야."
그러자 "선배님은 언제 가장 보람을 느끼세요?"라는 질문이 돌아왔다. 즉시 답을 하지는 못했지만, 나는 "내가 한 일이 누군가의 삶에 작은 변화를 줄 때."라고 결론을 내렸다.

우리가 던진 작은 말 한마디, 내민 손길 하나가 누군가에게는 하루를 견디는 힘이 된다. 사소한 친절이 누군가의 마음에 오래 남기도 한다. 삶은 거창한 업적보다 그런 작은 순간들로 더 많이 이루어져 있다. 그리고 그 조각들이 모여 우리가 어떤 사람인지, 어떤 인생을 살아왔는지를 보여준다.

　삶은 여전히 불완전하고, 우리는 가끔 흔들린다. 하지만 그 흔들림조차 나의 이야기다. 지금 이 순간, 어쩌면 당신은 그저 살아가고 있을 뿐이지만, 그 자체로도 충분하다. 내가 선택한 길을 믿을 수 있다면, 그것만으로도 괜찮지 않을까.

　때론 멈추어 서도 좋다. 남들보다 조금 늦어도 괜찮다. 관건은 그 길이 나에게 맞는가, 내가 그 길을 사랑할 수 있는가다. 그러니 타인의 기준에 내 삶을 얹지 말자. 완벽하지 않아도, 다소 느리더라도, 나는 나답게 걸어가면 된다. 삶의 조각들이 하나하나 모여 완전한 이야기가 되듯, 지금 이 순간 역시 내 삶을 빛나게 하는 중요한 한 페이지라고 믿자.

　언젠가 내가 걸어가는 이 길의 끝에서 이 한마디를 담담히 말할 수 있기를 소망한다.
　"나는 내 인생을 온전히 살아냈다. 그리고 그 길은 충분히 아름다웠다."

10_바람이 불 때 집을 짓는 새들

"회사가 문을 닫는대요."

후배의 목소리는 담담했지만, 그 안에 담긴 무게를 알 것 같았다. IMF가 터지기 전까지는 경제 위기의 심각성을 체감하지 못했지만, 위기는 한순간 도미노처럼 번져 나갔다. 명예퇴직, 정리해고, 폐업하는 사람들이 줄줄이 이어지며, 우리는 모두 생존을 걱정해야 했다.

후배도 예외는 아니었다. 그러나 그는 당황하기보다는 "그래도 다행이에요. 준비해 둔 게 있어서요."라고 말하며 웃었다. 그동안 시간을 틈틈이 쪼개어 어학 공부를 하고, 관련 자격증을 준비해두었던 것이다. 덕분에 그는 몇 달 뒤, 더 좋은 곳에 취업할 수 있었다. 그때 나는 알았다. 준비되지 않은 사람에게 위기는 끝이지만, 준비된 사람에게 위기는 또 다른 기회라는 사실을. 바람이 불면 움츠러드는 사람이 있고, 그 안에서 집을 짓는 사람이 있음을.

비슷한 예로, 내게는 몇 차례 승진에서 누락된 경험이 있다. 반면, 비슷한 시기에 입사한 동료들은 척척 승진을 했다. 때로는 부러웠고, 고민도 많았다. 당시 또래 여사원들이 결혼과 동시에 대부분 퇴사를 했기에, 직장에 남아 있다는 자체만으로도 감사해야 하나 하는 생각이 절로 들었다.

그 끝에 내가 내린 결론은 '멈추지 않기'였다. 높이를 재기보다, 깊이를 다지기로 했다. 그 다짐에 따라 외국어 공부를 시작했고, 문제 해결 능력과 통계적 분석 능력을 키울 수 있는 '식스 시그마 블랙벨트'라는 어려운 자격증에도 도전해 취득했다. 이는 단순한 승진을 위한 준비가 아니었다. 내가 할 수 있는 일을 더 잘하고 싶은 마음, 그 마음의 근육을 키우는 과정이었다.

그러는 사이, 나는 산업 전문간호사의 길로도 나아갔다. 근로자들의 건강 데이터를 오래 바라보다 보니, 간 수치가 나쁜 이들이 시간이 흐를수록 당뇨 수치도 높아진다는 보이지 않던 흐름이 눈에 들어와 더 깊은 공부를 하고 싶은 마음이 생겼다. 결국 박사과정을 밟으며, 논문까지 썼다. 덕분에 간 수치가 나쁜 근로자들에게 미리 당뇨 예방에 대한 교육과 상담을 제공할 수 있었다. 그렇게 나의 작은 발견에서 시작된 연구는 단순한 업무 수행을 넘어 내 경력을 한 단계 발전시키는 계기가 되었다. 이 흐름을 통해 길은 만들어진 게 아니라 걸어가는 사람에 의해 생겨난다는 세상의 이치를 배웠다.

삶은 주어진 현실에 순응하는 게 아니라 자신을 단단히 준비시키는 길이 아닌가 한다. 우리가 맞닥뜨리는 도전과 시련들 역시, 결국 우리를 성장시키기 위한 여정의 일부였다. 그 순간순간에 한 걸음 더 나아가려는 노력은 우리를 더욱 강인하게 만들고, 미래를 대비하게 해준다.

정호승 시인의 말처럼 바람이 불 때, 새들은 둥지를 포기하는 것이 아니라 더욱 단단한 둥지를 짓는다. 바람을 원망하기보다는 그 바람 속에서 집을 짓는 것이다. 현대그룹을 창업한 정주영 회장은 늘 불가능에 도전했던 사람으로 손꼽힌다. 모두가 안 된다고 말할 때, 그가 남긴 말은 지금까지도 회자되고 있다.

"해보기나 했어?"

한편, 직장 생활에도 계절이 존재하는 듯하다. 입사 후 어색함과 낯섦이 뒤섞인 '봄'이 있고, 쉴 틈 없는 업무와 성장의 시간을 견뎌야 하는 '여름'이 있다. 그러고 나면 결실을 맺는 '가을'이 온다. 하지만 봄에 씨앗을 심지 않았다면, 여름을 버텨내지 않았다면, 가을은 찾아오지 않는다. 그럼, 겨울은 언제일까? 마무리하는 단계라고 생각할 수도 있겠지만, 아니다. 침묵 속에서 준비하는 시기다. 누군가는 이런 겨울을 두려워할 수도 있지만, 나는 이 계절 다음이 새로운 싹을 틔우는 봄의 문턱임을 안다.

고치를 찢고 나와야 나비가 날 수 있듯, 바람은 우리를 흔들면서도 결국 날 수 있게 한다. 그러므로 바람이 멈추길 기다리는 것이 아니라 바람을 타고 나아가는 연습을 해야 한다. 그리고 경험해 봤다면 바람이 거셀수록, 더 단단해지고, 더 강한 날개를 얻게 됨을 알고 있을 것이다. 그래서 나는 오늘도 바람 속에서 나만의 집을 짓는다.

11_당신의 '아보하'에게 건네는 안부

2014년 어느 겨울이었다. 명리학 개인 코칭을 받기 위해 그 분야의 전문가의 집을 방문했다. 현관문이 열리는 순간, 강아지 두 마리가 소리를 내며 뛰어나왔다. 나는 강아지를 좋아하지 않을 뿐더러 심지어 무서워하기까지 한다. 손님으로 방문한 내가 할 수 있는 것이라고는 가만히 얼어 있는 자세로 서 있는 것이 최선이었다.

"저, 강아지 무서워해요."

이 말 한마디가 목 끝까지 차올랐지만, 결국 삼켰다.

거실 좌탁 앞에서 강의가 조용히 시작되고, 강아지 한 마리가 살며시 내 무릎 위로 올라앉았다. 숨소리가 들킬까 봐 잠시 참아보기로 했다. 그런데 이상했다. 그 작은 생명이 내 무릎 위에서 꼼지락거릴수록, 마음이 편안해졌다. 심지어 "어, 신기해요! 저 강아지 무서워하는데 아무렇지 않네요? 귀엽기까지 해요!"라는 말이 절로 나왔다. 내 얼굴에는 미소까지 띠고 있었다.

　　그렇게 강아지와 나의 인연이 시작되었다. 막내가 어린이집에 다 닐 때부터 키우고 싶다고 하던 강아지를 입양한 것이다. 작은 발로 종 종걸음을 치며 반기는 그 생명을 우리는 '해피'라고 불렀다. 이름처럼 퇴근하는 가족을 누구보다 따뜻하게 맞이하는 해피는 우리 집의 작은 기쁨이었다.

　　해피가 주는 행복이 거창한 건 아니다. 좋아하는 간식을 앞에 두 고 기뻐하며 꼬리 흔들기, 산책 중에 신나서 코끝으로 탐색하기 등 매 우 작고, 단순한 행동들이다. 누군가 "강아지니까 그렇지."라고 말한다 면, 나는 굳이 반박하고 싶진 않다. 다만, 해피가 "간식!" 소리에 눈을 반짝이며 나를 올려다볼 때처럼, 나도 떡볶이를 떠올리는 것만으로도 바보처럼 행복해지는 건 부정할 수 없다. 이처럼 우리는 아주 소소한 데서 즐거움을 찾는다.

　　요즘 새롭게 떠오르는 키워드가 있다.
　　'아보하', 아주 보통의 하루라는 뜻이다. 화려하지 않아도 괜찮은, 특별하지 않아도 충분하다. 이는 나태주 시인의 〈행복〉을 떠올리게 한 다. 이 시를 보면, 그저 그런 하루의 조각들이 바로 아보하가 아닐까 싶다.

　　저녁 때
　　돌아갈 집이 있다는 것

힘들 때
마음속으로 생각할 사람이 있다는 것

외로울 때
혼자서 부를 노래 있다는 것

심리학자이자 경제학자인 대니얼 카너먼의 말도 떠오른다. 그는 행복을 "거창한 목표가 아니라, 지금 이 순간의 감각"이라고 했다. 나는 이를 삶으로 증명하는 사람을 만났다. SNS를 통해 알게 된 한 60대 선생님으로, 그는 본인이 키우는 꽃과 나무 이야기를 종종 나누며, 어느 날은 꽃씨를 한 아름 보내주기도 했다. 그 마음이 고마워 그의 집에 방문했는데, "제일 아끼는 꽃이에요."라며 다알리아의 알뿌리를 건넸다. 그 외에도 낯선 이름의 씨앗들을 손에 쥐여주었다. 그리고 마지막 인사로 "예쁜 꽃 피우세요."라고 했다. 그 말은 마치 "행복하세요."라고 속삭이는 듯했다.

다음 해 봄, 나는 정성껏 다알리아를 심었다. 무더운 여름이 지나고, 초록빛 꽃봉오리가 맺혔다. 그렇게 얼마간의 시간이 흐르고, 붉은 꽃잎이 살며시 고개를 들었다. 꼭 "너를 보러 왔어."라고 말하는 것만 같았다. 겹겹이 피어난 가녀린 꽃잎의 모습은 정말 사랑스러웠다. 꽃말을 찾아보았더니 "당신은 나를 행복하게 합니다."였다. 이보다 더 어울리는 말이 있을까 싶었다. 손이 많이 가고 까다롭지만, 그래서 더 소중한 다알리아처럼 꽃씨를 나누던 선생님의 따뜻한 마음도, 꽃이 피기를 기다리는 그 애틋함도, 모두가 행복이었다.

수목원에서 근무하는, 노각나무를 사랑한다는 후배가 있다. 그 나무는 어린 가지가 꽃을 피우기까지 10년이 넘게 걸린단다. 푸른 숲속에서도 하얀 꽃으로 빛나는 나무다. 추운 겨울엔 나뭇잎 하나 없이도 매끄러운 줄기로 눈길을 끈다. 시간이 흐르면 껍질이 벗겨지고, 얼룩무늬는 더 선명해진다. 나이를 먹을수록 더 아름다워지는 셈이다. 나는 시간이 지나갈수록 더 아름다워지는 노각나무와 새 가지에게 꽃을 피울 수 있도록 온 힘을 실어주는 묵은 가지를 보면서 삶에 대한 태도를 배운다. 또 묻는다.

"어떻게 나이 들어야 더 아름다울 수 있을까?", "무엇이 우리를 진짜 행복하게 만드는 걸까?"라고.

행복은 언제 오는지 알 수 없는 바람과도 같다. 예고 없이 찾아오고, 지나가고, 다시 돌아온다. 며칠 전에도 불현듯 행복이 찾아왔다. 알게 된 지 얼마 되지 않은 언니가 "너 성이 뭐야?"라고 묻길래 왜 그러느냐고 했더니 연락처에 성이 없다고 했다. 대신 '빛과 소금'이라고 저장되어 있다며 웃었다. 이 말을 듣는 순간, 가슴이 '쿵' 하고 울렸다. 내가 누군가에게 빛이 되고 있구나 싶은 마음에 코끝이 시큰했다. 감동의 신호였다. 이렇게 그 어떤 선물보다 따뜻한 말 한마디가 더 깊이 다가올 때가 많다. 게다가 그 기억은 오래오래 남는다.

심리학자들은 말한다. 불안은 대부분 아직 오지 않은 미래에서 온다고. 그래서 '지금 여기'에 머무는 연습이 필요하다고. 결국, 아주 보통의 하루를 정성스럽게 살아내는 일이 진짜 행복인지도 모른다.

나는 오늘도, 여느 날처럼 삶이라는 기차에 올라탄다. 여태껏 좋아하는 사람하고만 탈 수도 없었고, 좋아하는 일만 할 수도 없었지만, 언제나 정거장마다 아름다운 풍경이 있었다. 다시 말해, 나를 행복하게 하는 일과 인연은 늘 가까이에 있다. 그리고 그들 가운데 누군가는 "당신은 나를 행복하게 합니다."라고 알려주고 있다. 만일 느껴지지 않는다면, 내가 먼저 말해 본다.

"당신은 나를 행복하게 합니다. 당신도 행복하면 좋겠습니다."

이미 피어나고 있는 당신에게

언젠가 인생을 아주 조금 알게 될 무렵,
산등성이를 오르다 이마의 땀을 식히며
이런 꿈을 꾼 적이 있습니다.
'고마운 이들에게 글로 마음을 전하고 싶다.'

그 막연했던 꿈을 품은 채
10년의 세월이 흘렀고,
이제야 용기를 내어 그 마음을 실천에 옮겼습니다.

제가 만난 고마운 이들의 공통점이 있었습니다.
그들 모두는 '나무' 같았습니다.
힘들 때 조용히 그늘을 내어주고,
지치지 않도록 곁을 지켜주며,
"언제나 네 편이야."라고 속삭여 주었습니다.

그 한마디가 제 삶에
얼마나 깊은 울림이 되었는지
말로 다 표현할 수 없습니다.

그들이 저에게 쉼이 되어주었듯,
이제 저도 누군가에게
그런 쉼이 되고 싶었습니다.

이 소망을 담아
제가 느낀 감사와 사랑,
그리고 배움의 조각들을
풀어놓았습니다.

그 과정에서 소중한 몇 가지를
다시 배웠습니다.
행복은 언제나 가까이에 있음을.
소중한 것은 언제나 평범한 자리에 있음을.
나는 아직도 삶의 모든 순간이
낯설고, 여전히 초보임을.

그 가운데 우리 집 반려견 '해피'가
동행해 주었습니다.
그 아이는 제가 글을 쓰는 동안

제 곁을 말없이 지켜주었습니다.
심지어 제가 잠들지 않으면
결코 잠들지 않았습니다.

그 작은 몸짓이, 그 말 없는 기다림이
저에게 가르쳐준 건 단 하나였습니다.
말보다 보이지 않는 따뜻한 행동이
마음을 더 깊이 울린다는 것.
결국 마음은 말이 아니라 행동으로 전해진다는 걸
그 아이가 조용히 알려주었습니다.

그러니 당신도
너무 말에 지치지 않기를 바랍니다.
대신 곁에 있는 누군가의 따뜻한 행동을
조금 더 천천히 바라봐 주세요.
당신은 이미 누군가의 그늘이고,
누군가의 마음에 오래 머무는
나무일지도 모르니까요.

당신이 피어날 계절,
그 계절을 기다리지 않아도 됩니다.
당신은 이미,
충분히 잘 살아내고 있으니까요.

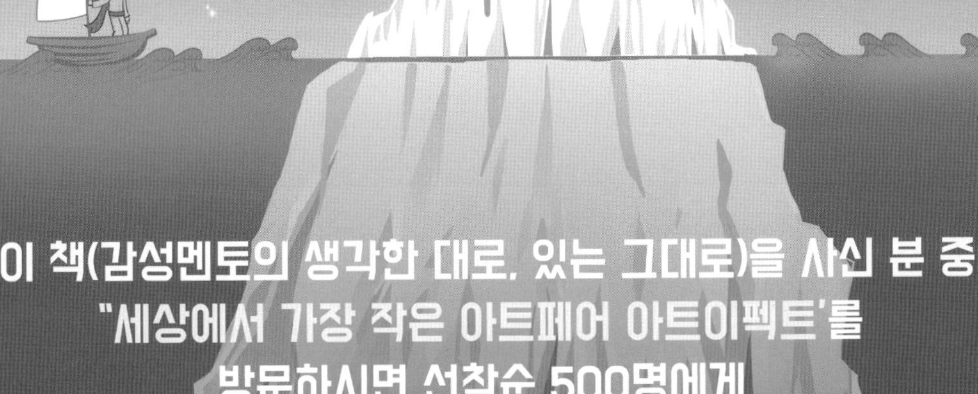

Art Effect 와 함께 예술의 새로운 가능성을 만들어 가세요!

The Smallest Art Fair in the World
세상에서 가장 작은 아트페어

이 책(감성멘토의 생각한 대로, 있는 그대로)을 사신 분 중
"세상에서 가장 작은 아트페어 아트이펙트'를
방문하시면 선착순 500명에게
'와일드 이펙트' 저자 사인본 도서 1권을 증정해드립니다.
문자 문의: 010-7427-8884

주최: 교육청인가 (주)한국평생교육원
주관: 아트이펙트 운영위원회, 비움갤러리, 와일즈갤러리
작품문의 : 05057-1486-0222
arteffect2025@gmail.com

naver cafe
arteffect

오픈카톡방
arteffect